東京世界メシ紀行

いのうえさきこ

芸術新聞社

目次

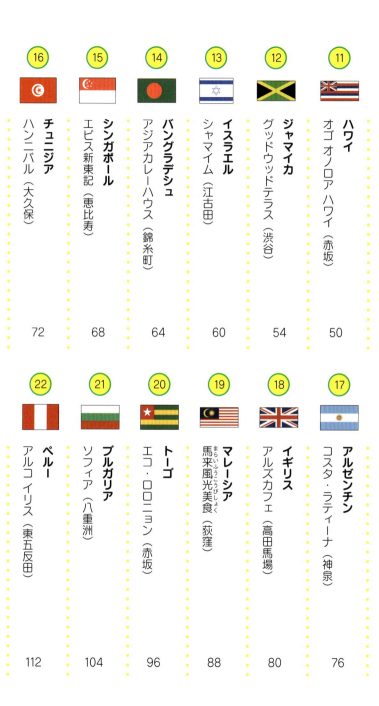

※本書では閉店した店舗のマンガも掲載しています。
飲食店ガイドとしての面より、料理の教養書としての面を優先したためです。予めご了承ください。

本書は雑誌「クーリエ・ジャポン」（２０１６年３月よりオンラインに移行）の連載「セカオカ SEKAI NO OKAWARI」（14年10月から17年3月）に加筆修正しまとめたものです。

登場人物紹介

知世（ちせ）28 歳

日本から一歩も出たことはないが、未知の料理に興味津々。将来自分の好物だけを集めたレストランをオープンさせるべく、メニュー研究のため食べ歩きに余念がない。お一人様では種類が食べられないので、気を遣わなくていい米田（と米田の財布）を道連れにしている。

好物
酒に合う料理ならなんでも。肉。

好きなタイプ
いなくてもいい気はするがいないと淋しいパセリのような人。

座右の銘
お腹いっぱいならケンカはしない。

米田（よねだ）26 歳

知世と同じ会社同じ部署の後輩。学生時代、おいしいものを求めて世界中を旅したおかげで、食の知識は豊富。ごはんをおかずに白飯が食べられるぐらいの米好き。理屈から入る性格のため、自由奔放、傍若無人な知世にふりまわされつつも憧れている。

好物
白飯に合うおかずぜんぶ。カレー。

好きなタイプ
ごはんをおいしそうに食べる人。

座右の銘
食べ物の恨みはおそろしい。

17 **アルゼンチン**
コスタ・ラティーナ（神泉）

18 **イギリス**
アルズカフェ（高田馬場）

19 **マレーシア**
馬来風光美食（荻窪）

20 **トーゴ**
エコ・ロロニョン（赤坂）

21 **ブルガリア**
ソフィア（八重洲）

22 **ペルー**
アルコ イリス（東五反田）

23 **チベット**
タシデレ（曙橋）

24 **ケニア**
マシューコウズ バッファローカフェ（西五反田）

25 **アメリカ**
ソウルフードハウス（麻布十番）

26 **ミャンマー**
ミンガラバー（高田馬場）

27 **ネパール**
マヤ（高田馬場）

28 **日本**
会席料理　岸由（東中野）

1 **カンボジア**
アンコール・トム（町田）

2 **エチオピア**
クイーンシーバ（中目黒）

3 **コロンビア**
プントプンタ（恵比寿）

4 **パレスチナ**
アルミーナ（神田）

5 **スリランカ**
セイロン イン（中目黒）

6 **ハンガリー**
パプリカ・ドット・フ（白金高輪）

7 **ウイグル**
シルクロード・タリム（西新宿）

8 **ブルキナファソ**
カラバッシュ（浜松町）

9 **フィリピン**
クシネーラ（大森）

10 **ベラルーシ**
ミンスクの台所（六本木）

11 **ハワイ**
オゴ オノロア ハワイ（赤坂）

12 **ジャマイカ**
グッドウッドテラス（渋谷）

13 **イスラエル**
シャマイム（江古田）

14 **バングラデシュ**
アジアカレーハウス（錦糸町）

15 **シンガポール**
エビス新東記（恵比寿）

16 **チュニジア**
ハンニバル（大久保）

世界メシ
その1
カンボジア
[アンコール・トム]
町田
知世《ちせ》(28)
カンボジア……
ごく…
——といえば 世界遺産 アンコール・ワット……
あとは…
猫ひろし?
知世さん
「世界を知る」なんて名前つけてもらいながら その年までその薄っぺらさ……
すがすがしさすら感じます
米田《よねだ》(26)
でもま 知らないことは恥ずかしいことじゃありません
大切なのは学ぶ姿勢
ここは学生時代 リュックひとつで 世界中を旅した僕に……
すみませーん おすすめ料理 教えてくださーい
うん……そうね お店の人に聞く のが一番ね……
いらっしゃいませ——
カンボジア料理は初めてですか?
アンコール・トム 店主 ペン・セタリン

いや実は僕数年前まで世界を一人旅してて…
店長さんカンボジア出身〜〜!? 日本語すっごくキレ——イ♡
あらありがと
私は背が低いから背足りん…
背足りん…せたりん…
セタリン♡って覚えて下さいね———?
覚えた!♡
カンボジアだじゃれ…?
カンボジアはタイやベトナムと隣り合ってるのでお料理も共通したものが多いんですけど
タイほど辛くなくベトナムほど香辛料を使っていないので日本人にも楽しめる味だと思いますよ
LAOS
THAILAND
VIET NAM
CAMBODIA
ん?
カンボジア風お好み焼き【バンチャエウ】
魚のココナッツミルク煮【アモック】
これ……魚のくさった臭いがする……
ちょっ
知世さん!!
【プラホック】淡水魚を塩漬け、発酵させペースト状にしたもの。カンボジアのソウルフード
プラホックね! くさいけどおいしいのよ?
そのまま食べたりいろんな料理の味つけに使ったり
日本で言うなら味噌っぽい存在ね
でも……くさい…
ぷ〜ん…
そりゃくさいけどっ…
食べてから言ってほしいの
くさいけどっ!!
わぁぁ

くさいけど ミ
!
よ…よかった…
おいしい!!
うんうん
白いごはんにも合いますね!
ぽり ぽり ぽり ぽり
ドライなアンチョビペーストって感じ
作りかたは同じですね
あっちはカタクチイワシ(海水魚)だけど
「プラホック」はカンボジア トンレサップ湖などの淡水魚が原料
「ナンプラー」の原料
カタクチイワシ
「しょっつる」といえばこの魚
ハタハタ
日本のしょっつるやタイのナンプラーに代表される魚醤《ぎょしょう》はもともとこうした魚の発酵物の上澄み液を利用したうまみ調味料
インドネシアの「トラシ」マレーシアの「ブラチャン」はオキアミなどエビのペースト
オキアミ
その魚醤をこした後に残るペーストだから それこそその国の食の根源を決める「魂」が宿っているのかもしれませんね
ちなみに「プラホック」の上澄み調味料は「トゥックトレイ」
そんなことよりすごい発見しちゃったよ米田くん!
…そんなこと…?
このプラホックをつけた生野菜をかじってから——
カンボジアブランドのアンコール・ビールを
ぐびぐびぐびぐび…
んくんくんく…
ふぃ〜…
トン
プラホック
んきゅううううううラっ
お酒に超合う!!
日本酒にもいいかも!!
よ 酔っ払い!

将来自分の店でこういう面白いアテが出せたら呑んべえの人にも喜んでもらえるかなって思うんだ
!
ついつい笑って
ついつい話がはずんで
ついついお酒をたのんでくれたら……
儲かる!!
嫌いじゃない！その魂の叫び嫌いじゃないですよ！
でも…ごはん党の人のことも考えてほしい……
大丈夫！
酒のアテはたいていごはんの友だもん
旨み濃厚♡でも後味さっぱり✧
【ビーフ・レモングラス・サワースープ】レモングラス・ショウガ・ウコン等のスパイスペーストを入れた伝統的なすっぱいスープ
ちなみにクメール語で「台所」は「プテアバーイ（ごはんの家）」って言うんですよ
ほかほか
かわいい
カンボジアの人たちもお米の国の人なんだね
知世はカンボジア料理を食べ真実を一つつかんだ
くさいものは大体うまい！
うんまあふんじゃないですか！それで
古今東西クセのあるものはクセになる

世界メシ
その2
エチオピア
[クイーンシーバ]
中目黒
なんで…
一人でごはん食べてるの!?
知世《ちせ》(28)
米田《よねだ》(26)
……パリッ
サモサ
ケニア産「タスカービール」
え〜と……
おなかがすいたから……?
誘いなさいよっ
いそいそ帰ってくからあやしいと思ってつけてみたら案の定
こんなおしゃれ〜な店に…
知世さん……!!
そんなにボクのことを!?
いろいろ食べたいときは「一人メシ」って効率悪いのよね――
すみませーんこの「エチオピアントラディショナル盛り合わせ」2人前下さい
クイーンシーバ
店長
ソロモン
エチオピアはなんでもみんなとシェアして食べる文化の国ネ
だからごはんは基本一人じゃ食べない
誰かが来るまで待つんです
NO NUKES
JAH SHAKA

これをアムハラ語で
インネブラ♥
（いっしょに食べよう）
って言います
まさにこの絵のような食事風景
ステキー！
日本男子に見習わせたいエチオピア方式！
店長イケメンだし
タカリじゃねーか…ちっ
でこちらがみんなで食べるエチオピアの伝統料理
「インジェラ」の上に「ワット」と呼ばれる肉や野菜や豆の煮込み料理を盛りつけたもの
インジェラって？
「テフ」というイネ科の穀物の粉を水で溶き3～4日発酵させてクレープ状に焼いたエチオピアの主食です
見た目は桜もちの皮のよう…グレーだけど
この店のインジェラは日本に来るとき私のお母さんからもらったタネを元につぎ足しつぎ足し焼いているもので
24年もの
すご――い！
日本でいうならぬか床《どこ》的存在？
床の間に飾っておきたいぐらい大事な存在だからぬか床
各家庭で代々受け継がれていく伝統の味というわけですね
ましてやインジェラは紀元前100年頃から食べられていたっていうんですから
日本なら弥生時代……
いただきまーす
はむっ
ソワ ソワ
――って
あっ

酸《す》っ
ぱーい!?
……うん 初めて食べる人は皆 そういう顔します
インジェラの食べかた作法
まずは上にのったおかずといっしょに食べてみてください
あむ
①インジェラを手頃な大きさにちぎる
②おかずを覆うように包みこむ
ぎゅっ
全部の指を使うのがポイント
③そのままダイレクトにほおばる
!
どうデスカー?
汁っぽいものはさむのってけっこーむずかしい…
いける!?
てかむしろすっごくおいしい!
なんで!?
じゅわじゅわ
まむまむ
ワットはワットでおいしいんだけど
うんうん
インジェラの酸味が混ざることで味にぐぐっと深みが出ますね——
主食が酸っぱいのってちょっとビックリですが ドイツの乳酸発酵させて焼いたパンも酸味が特徴ですよね
ライ麦パンだね
大好き♡
ライ麦サワー種も使用したドイツパン
ドイツでは他にもザワークラウトという有名な乳酸発酵食品がありますし
タケノコを乳酸発酵させたメンマ
ヨーグルトやチーズは言うに及ばず 日本のぬか漬けも米ぬかを乳酸発酵させて作った偉大なるごはんの友
体が喜ぶ酸味ですね

「ワット」にも いろんな種類が あるんですねー
ヤベグアリチャ
ラムのターメリック風シチュー
カイワット
牛のレッドペッパーシチュー
インクラル
エチオピア風スクランブルエッグ
ヤティキルトワット
野菜のマイルド煮
全部おいしい！ でも全部「何味」って言うのが むずかしい ……
いいんですよ それで
エチオピア料理は どんな調味料や香辛料が 入っているかわかったら アウト！ です
上にのせるおかずは 地域によって全然 変わってくるんですが
魚だったり 鶏だったり豆だったり とうもろこしだったり
【山羊のカバブ】 スパイシー&ジューシィで 臭みゼロ！ エチオピアの ミックススパイス 「ベルベレ」をつけて
その土地で 作られたものを その土地で食べる
人にとって 一番最高の食べ物です
……
ん？ 知世さん何か 店経営の ヒントでも？
こう… インジェラで おかずをぬぐって 食べるでしょ？
おいしいから全部 キレイに食べたいし
ハイハイ
結果！
皿を洗う手間と 水道代が浮く！
つるぴか
ああ ……
なんてミニマムな コスト管理 ……
知世はエチオピア料理を食べ また一つ真実をつかんだ
いっしょに 食べれば おいしい♡
エチオピアン コーヒーも絶品!!
人もインジェラも
いっしょに 食べると 大きく ワリカン負け ……
魔法の言葉 インジェラ インネブラ

世界メシ
その3
コロンビア
[プントプンタ]
恵比寿
私 コロンビア料理ってはじめて――
おふふふふ
知《ち》世《せ》(28)
いっただきまー
あ！
待って下さい
パシャ
パシャ
パシャ
パシャ
パシャ
……
はいオッケーです
キリッ
米《よね》田《だ》(26)
いえね 昨日 母親とLINEしてましたら
……ってな感じのドトーのレスが
……
ああ…
なのでごはん履歴撮ってるわけね……
おかん
12/6(土)
ちょっとやせたんじゃない？ 22:53
ちゃんと食べてる？ 22:54
昨日なに食べた？ 22:55
ラーメン？ 22:57
せめて野菜はのせなさいよ。
いまなら白菜安いわよ。 22:59
鍋なんかどうよ。 22:59
〆こそラーメンよ！分かる！ 23:01
それ
アタリマエね
だってお母さんたくさんたくさん食べさせたい！
店主
小泉明
息子
母
プントプンタママ
小泉 ステラ
……お母さん

だから豆料理
どーん
フリホーレス
中南米で食べられている
インゲン豆の煮込み
肉!!
どどん
スペアリブ
豚バラ肉を
油で揚げ(!)てある
もひとつ肉!
さらに肉!
どん どん
チョリソー
ひき肉炒め煮
ごはんと
目玉焼きと
アボカドと
どどん どどん
――これが
一人前になる
わけですね……
【バンデハ パイサ】
コロンビア伝統料理の
ワンプレート定食
「バンデハ」はお盆
「パイサ」は地名
現地では
まさにお盆サイズの
大皿料理
どーん…
これでも最初
お店に出してたときより
だいぶ減らしたんですよ
ふう…
だって
少ないの
ケチくさいデショ
おぼん
お客さん
量にビビって
誰もオーダーして
くれなかったでしょ?
たくさん
食べてほしいのにー
ぶーぶー
明さん……
わかるよ
その気持ち
まったく
母親って
ヤツは
…
もリ もリ
むしゃむしゃ
ほぐほぐ
がっつりいって
ますねー
知世さん
胃袋だけはワールドワイド…
だって一人前
なんでしょ?
これ

特にこの金時豆の煮込みがトロットロで
すきー
確かに脂と塩のみの味つけがごはんと合っていい仕事してます！
こっちのスープもおいしいわよーー
ほかほか
【アヒアコ】
首都ボゴタの名物料理
3種のじゃがいもに
とうもろこし
鶏 生クリームを加えて
煮込んだスープ
アンデスポテト 男爵いも メークイン 3種類のじゃがいもを使うのがタイセツ
お
コロンビア風クリームシチューだ
ケッパーがきいてる
世界で数千もの品種があると言われるじゃがいもの原産はコロンビアにもまたがる標高3000～4000mのアンデス山中
メークイン
男爵いも
アンデスポテト
小粒で濃厚な甘みのアンデスポテトと
ほくほく男爵 あっさりメークインのコラボがスープの中でお互いの個性をひきたてあってるのかもしれませんね
サンコーチョ
鶏 豚 料理用バナナ キャッサバ じゃがいも とうもろこし入りスープ
モンドンゴ
ハチノス にんじん じゃがいも とうもろこし入りスープ
ほくほく

コロンビア料理って
じゃがいも
とうもろこし
のちバナナ
時々豆ーー
ふぅ
ふぅ
お…お母さん…
ボクもうお腹《なか》
いっぱいだよう
〜〜〜
BOGOTA
じゃあ私
全部もらうねー
あらー
食べますねー
……
どれも
やさしい味で
食べやすいもん
むぐ
まぐ
それにコロンビア女子は
毎日こーいうごはん
なんでしょ？
てことはこれを
食べ続けてれば
いつか私も
ゴージャスな
コロンビア美女に!!
MISS
COLOMBIA
なれませんよ
3C
中南米 美女産出国
Colombia
Chile
Costa Rica
平たい日本人体型のまま
デブるだけです
【エンパナーダ】
とうもろこし粉の
生地で肉や野菜などを包み
揚げたパン オリジナル
サルサソースをつけて
長ネギ入り
サルサソースが
あっさりして
さわやかーー
サルサの力で
またさらに食べ
られてしまうーー
知世はコロンビア料理を食べ
また一つ真実をつかんだ
美人ママの
いるお店には
客がくる……
ふん
じゃなくて
ふん
大事な人に
お腹いっぱい食べさせる
ママの使命は万国共通

世界メシ
その４
パレスチナ
[アルミーナ]
神田
米田《よねだ》くん
ヒッ…
知世《ちせ》
(28)
私 最近
すごいことに
気づいちゃったんだ
米田
(26)
……(知世さんの
気づいたことなど
おそらく大多数の人間が
すでに知ってるでしょうが)
……何ですか？
今年は未年《ひつじ》
その「未」の字に
口へんをつけると
何とびっくり
メ？。
(よんだ？)
メー？。
(よばれた？)
味!!
つまり「未《ひつじ》」は
食べると
おいしい!!
メェー
メェー
メェーッ
メーッ
メーッ
さてと
アホはほっといて
パレスチナの
料理を オーダー
したいんですが
どれがいいっスか？
アルミーナ オーナーシェフ
シャディ バシイ
じゃあラム肉を使った
「マンサフ」はどう？
未年《ひつじ》だし

メー
メー
メー
メー
やっぱり!?
ですよね――?
…まあムスリムは豚肉タブーだから豚はともかくとして
他のメニューもやたらヒツジ推《お》しなのはやはり何か宗教的な理由が?
いや?
ヒツジがおいしいから食べてるダケ
?
うわーん
win!
わかったしその「マンサフ」ください!!
うちで使ってるお肉はすべてハラルミート
オリーブオイルもスパイスも全部パレスチナ産ですヨ
ハラルミートって?
イスラム法にのっとり合法的に処理された肉のことです
このオリーブオイルはその名も「聖地」!
The Holy Land
【マンサフ】ヨーグルトで煮たラム肉のシチューとアーモンドや松の実のフライドナッツをトッピングしたピラフ
肉を煮たヨーグルトソースをかけて混ぜ混ぜして
どーぞー
ラム肉のスパイシーなジューシーさと
じゅわわわー
油で素揚《すあ》げしたナッツの香《こう》ばしさと
カリカリ
さくさく
ヨーグルトの酸味
ごはんは長粒米《ちょうりゅうまい》?
バスマティライスでーす
有名な香り米な
パラララ
すべてが口の中で混然一体となった時……

ラメェー
はむはむ
もぎゅもぎゅ
かりかり
やっぱりヒツジおいしーい〜〜〜〜〜〜♡
ぽりぽり
フウ
じ〜〜〜ん…
…ハイすっごく…♡
メェェ…
こっちもオススメ——
【タブーリ サラダ】中東圏で食べられているパセリが主役のサラダ
わーっ
パセリたっぷり!!
タブーリだけに…
ドレッシングはオリーブオイルとレモン汁のみ
大量の生パセリがもりもり食べられちゃう——
ざくざく
ざくざく
青臭くもなくさわやか——
ハタ!
このサラダなら日本のレストランのパセリ問題を解決できるんじゃ……
パセリ問題?
ごちそうさまの後9割方皿に残されたパセリ問題よ
…
コレ
飾りじゃないのよパセリは!!
私の作る店じゃ絶対許さない孤独のパセリ
知世さん
実年齢いくつなの?
【ホンモス】マッシュしたひよこ豆とタヒニ(ごまペースト)を合わせて練ったディップ
ホンモスで土手を作りオリーブオイルの池をたたえるのがアラブ流の盛りつけ
これはひき肉と松の実をトッピングしたエクストラバージョン

どの料理もパレスチナ産のオリーブオイル使うのが大事！
オリーブオイルってイタリアって思ってた！
オリーブ栽培は地中海沿岸各国で行われてるけど…
FRANCE
SPAIN
ITALY
GREECE
TURKEY
SYRIA
LEBANON
ISRAEL
EGYPT
PALESTINE
パレスチナに住んでいた人が初めてオリーブからオイルを搾《しぼ》ったって説もあるんだよね
他にはクレタ島発祥説も
オリーブオイルはいわばオリーブの生搾りジュース
樹齢1000年クラスのオリーブの木からとれるオイルにはその土地の風土や作り手の想いがストレートに反映されてる気がするよ
だから母国の人が作るローカル料理がうまくないワケがない
だねだね
シャディさんのパレスチナ料理にこめる想いって何？
え～
それはやっぱり
ラブかな
ボッ！
あっ
パレスチナ料理を食べ知世はまたひとつ真実をつかんだ
ラブとラムは地球を救う！
うんまあ
恋愛と思想は自由ですよね…
出かけよう　パセリとオリーブオイルとヒツジを食べる冒険へ

世界メシ
その5
スリランカ
[セイロン イン]
中目黒

米田《よねだ》くんもやっぱヒッピー時代インドやスリランカ旅したクチ？
スリランカにあるよなヒッピーが開いたビーチ
知世《ちせ》(28)
ヒッピーじゃありません
なにこの70年代イメージ
自分を見つめ直す旅です
米田(26)
南インドまでは足をのばしてるんですがスリランカは未踏なんですよね
飲みたかったなー本場ヌワラエリヤのセイロンティー♡
INDIA
SRI＝光り輝く
LANKA＝島
SRI LANKA
結局ミーハーじゃーん
位置的にもすぐお隣だし料理の傾向も南インドに似てるんですよ
カレーなんか特に！
ね？店長……
違いマスヨ
セイロンイン店長 リヤナゲ・アジ・ワサンタ
ハッハッハ
さっぱり！

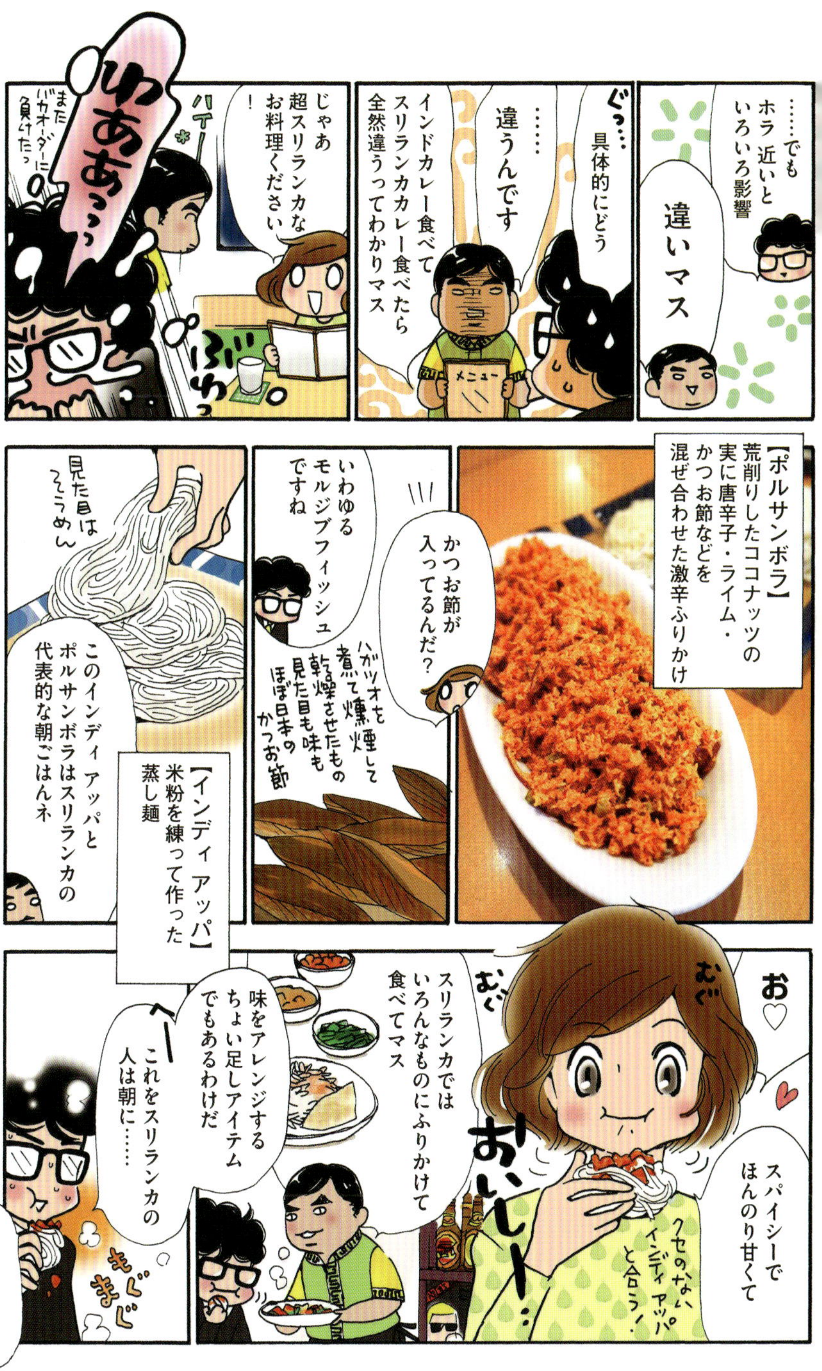
……でも ホラ 近いと いろいろ影響
違いマス
ぐっ……
具体的にどう
……
違うんです
インドカレー食べて スリランカカレー食べたら 全然違うってわかりマス
じゃあ 超スリランカな お料理ください！
ハイ
わあああううう
また バカオーダーに 負けたっ
ぶわっ
【ポルサンボラ】 荒削りしたココナッツの実に唐辛子・ライム・かつお節などを混ぜ合わせた激辛ふりかけ
かつお節が入ってるんだ？
いわゆる モルジブフィッシュ ですね
ハガツオを煮て燻煙して乾燥させたもの 見た目も味も ほぼ日本のかつお節
見た目は そうめん
このインディアッパと ポルサンボラはスリランカの 代表的な朝ごはんネ
【インディアッパ】 米粉を練って作った 蒸し麺
お♡
むぐ
むぐ
おいしー！
スパイシーで ほんのり甘くて
クセのない インディアッパと合う！
スリランカでは いろんなものにふりかけて 食べてマス
味をアレンジする ちょい足しアイテム でもあるわけだ
へー
これをスリランカの 人は朝に……
もぐ もぐ
……………

辛っ!!
うひー
時間差で激辛キターー
かわいい名前なのにキョーレツー
ぽっ
ぽっぽっぽっ
ぶわっ
でもおいしい!
「おいしい」ってスリランカでは何て言うんですか
もぐもぐ
エヘン!
シンハラ語で「ラサイ」
辛いは「サライ」
ラサイ……サライ……
意味は違うけどとっても似てる……!
ザザー…
サライ♡ラサイ♡
サラーーイラサーーイ
知世さん……唐辛子でハイになってる……?
サライラサイサライ
ぽっぽっ
こっちは辛くないデスー
南国そばめしって感じーー
おおっ
【コットロティ】麺状に切ったロティと肉・野菜・卵をスパイスで炒めた定番屋台メニュー
スリランカの主食はライス&カレーに代表される米ですがインド由来の薄焼きパンもよく食べられててその代表がロティ
ゴーダンバロティ
もちもち食感が身上
刻んでコットロティに
具をはさんで焼いたり麺状にして炒め物に使ったり食べかたのバリエーションも多いネ
ココナッツを練りこんだココナッツロティ
卵入りエッグロティ

【野菜ゴーダンバ】
6種の野菜をスパイスで炒め
ゴーダンバ ロティで包み
焼いたもの
カリカリ☆
もちもち♡
シャキシャキ
スパイシー
おやきです
バラララ
ララ
コット ロティにも
ポルサンボラ?
マイルドな豆カレーや
野菜カレーにも
ポルサンボラ合うヨ
いろいろとって
自分の皿の上で
まぜまぜして
食べるのが
スリランカ
スタイル
ココナッツミルクや
ミックススパイスが
料理の基本になってる
って点ではやっぱり
南インドと似てるけど
「かつお節」を旨味《うまみ》食材として
カレーや炒め物にも使って
いる点は 全然違うって
言えるかもですね
ウンバランガダ
(モルジブフィッシュ)
くだいて
混ぜる
これがインドだと
「ガラムマサラ」に
なるんだね!
トゥナ=3
パハ=5
いろんなスパイスが
入っているという
意味
スリランカ版
ミックススパイス
トゥナパハ
ふー ふー
逆にスリランカと日本が
似てるところもあるよね
かつお節っていう珍しい
食材を使ってるところとか
フシギ…
数千km離れた島国
同士でつながっている……
スリランカ料理を食べ
知世はまた一つ
真実をつかんだ
酸《す》いも甘いも
辛いもかみ分けて
こそ大人!!
……
セイロンです
どや!
それぞれ違う
でもどこかしら
ちょっとずつ似ている
このすばらしき世界

世界メシ
その6
ハンガリー
[パプリカ・ドット・フ]
白金高輪
えーーっと
何にします?
米田《よねだ》(26)
……
……知世《ちせ》さん
はあ……
だからゆうべ飲みすぎ
だってあれほど……
だって新入社員
歓迎会なのよ?
ウェルカムパーティな
わけなのよ!?
がばっ
知世(28)
飲むでしょ?
飲まれるでしょ!?
あだだだ
自分の声が響くっっっ
だって
ハンガリー料理
食べる機会
なんてめったに
ないんだもん!
ぶつぶつ
だったらなおさら
今日無理して
来なくても――
なんかこう胃にやさしい感じのものを…
おつまみ
フツカヨイ!?
オッケーオッケー!!
パプリカ・ドット・フ店主
キスアティラ
マネージャー
設永《のぶなが》優子
うちのお客さんが
飲んだ翌日に必ず
オーダーするスープが
ありますよ

【グヤッシュスープ】牛肉・玉ねぎ・じゃがいも等をパプリカやトマトで煮たハンガリーの伝統的スープ
まっ赤！
キャー…
辛いの？
うん
うん
辛くないですよ これはパプリカの赤
乾燥させパウダーとして使うパプリカはハンガリー料理には欠かせないスパイスなんです
いわゆる日本人が想像するカラーピーマンではなく
ししとう型のパプリカ
ハンガリーには辛口甘口含め130種以上のパプリカがあり母の数だけグヤッシュの味があると言われてます
日本でいえばおみそ汁だ――！
ですねー
知世さん… それおっさんが熱燗飲んだ時の反応と同じ…
え？ そう？
ふー……
肉と野菜の旨《うま》みが溶けこんだスープがくたくたの体に……
くぅ～
しみる～～～
確かに二日酔いの原因とされるアセトアルデヒドの分解を手助けするにはビタミンCが最適ですが
パプリカはビタミンCの含有量が野菜の中でもトップクラスなんですよね
体がスッキリするはずだ――
え？ もう？

そのパプリカから
ビタミンCを発見したのが
ハンガリーの科学者
セント＝ジェルジ・アルベルト
ビタミンCの発見で
ノーベル生理学・医学賞も
受賞してるんですよ
このパプリカが目に
いや胃に入らぬか〜っ
まさに
国をあげての
パプリカ推《お》し！
【パプリカチキン】
濃厚なパプリカソースで
骨付き鶏を煮込んだ
ハンガリーの定番料理
とろっ
とろ
こっちは
こってり
クリーミィ〜〜♡
むぐ
むぐ
酸味のある
サワークリームとの
相性もベストマッチ
です〜〜
牛肉のグヤッシュ
鶏肉のパプリカ煮
ときたら 次に
お出しするのは
豚！
ただの豚じゃ
ありませんよ
ハンガリーの誇る国宝
マンガリッツァ豚です
2004年認定
もこ
もこ
もこ
モフ
モフ
呼んだ？
羊のような見た目と
マグロ並みの脂の融点を持つ豚さん…
国宝!?
国宝食べて
いいの!?
【チガニーペチェニェ】
マンガリッツァ豚の
ジプシー風ロースト
「さし」の入った赤身が
甘くてジューシィ
じゅわわわ

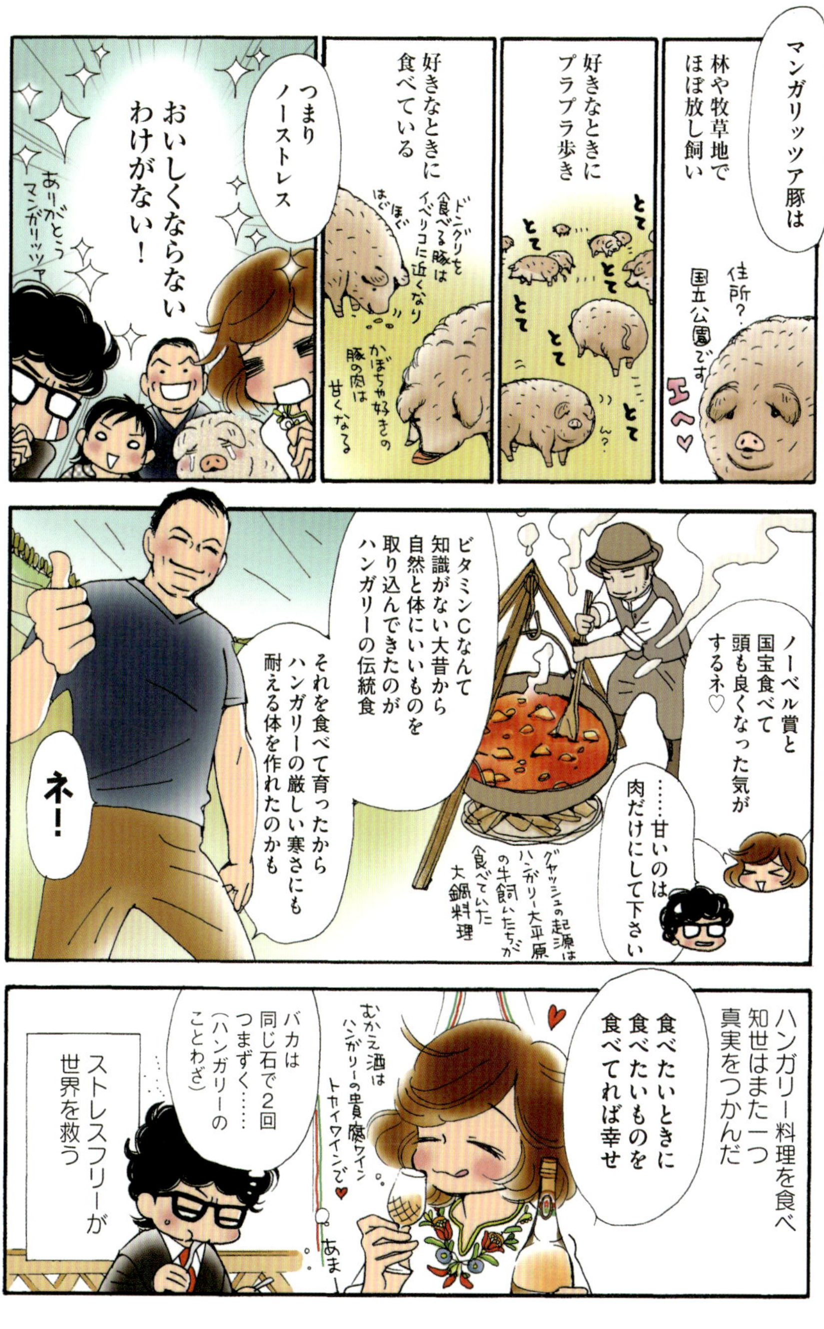
マンガリッツア豚は
林や牧草地でほぼ放し飼い
住所?
国立公園です
エヘ♡
好きなときにプラプラ歩き
とて とて とて とて とて とて とて
ん?
好きなときに食べている
ドングリを食べる豚はイベリコに近くなり
はぐはぐ
かぼちゃ好きの豚の肉は甘くなる
つまりノーストレス
おいしくならないわけがない!
ありがとうマンガリッツァ
ノーベル賞と国宝食べて頭も良くなった気がするネ♡
……甘いのは肉だけにして下さい
グヤッシュの起源はハンガリー大平原の牛飼いたちが食べていた大鍋料理
ビタミンCなんて知識がない大昔から自然と体にいいものを取り込んできたのがハンガリーの伝統食
それを食べて育ったからハンガリーの厳しい寒さにも耐える体を作れたのかも
ネ!
ハンガリー料理を食べ知世はまた一つ真実をつかんだ
食べたいときに食べたいものを食べてれば幸せ
むかえ酒はハンガリーの貴腐ワイントカイワインで♡
あま~
バカは同じ石で2回つまずく……(ハンガリーのことわざ)
ストレスフリーが世界を救う

もぐもぐコラム③
アジアのあいさつ
米田《よねだ》
あれは初めてマレーシアを旅したときのこと
おなかすいた…
タクシーで
スダマカン〜
売店で
スダマカン？
この国の人は皆フレンドリーだな
なんだろ？「スダマカン」て
基本のマレー語
【スダマカン】
＝ごはん食べた？
！
ごはんに誘ってくれてたのかぁぁぁぁぁ
さすがグルメ天国!!
よし！今度誘われたら……
マレーシア
同じゲストハウスの客
スダマカン〜？

かわいい……!
まだ食べてないっス!
YET!
あら そーなんだ
じゃあ何か食べて来たら? すぐそこにおいしい屋台街があるみたいだし
あ… はい……
……え?
スタ
スタ
「スダマカン?」《ごはん食べた?》は「元気?」程度のニュアンスらしく
返事は「スダー」《食べた》とか「スダマカン」がお約束らしいのです
「まだ」って返事は基本ない……
フ… フフフ…
ごはん食べた?
があいさつになる国っていいね!
アジアに多い「ごはん食べた?」があいさつの国
タイ / ギンカオルーヤン
ベトナム / アンコムチュア
カンボジア / ニャムバーイ ハウイ
フィリピン / クマイン カナ
今度は自分から
レッツスダマカン!!

世界メシ
その7
ウイグル
[シルクロード・タリム]
西新宿
女子ならおいしいパスタ!
知世《ちせ》(28)
男子ならラーメン!
関西人ならうどん!
……何の話ですか?
米田《よねだ》(26)
キラーン
気になる人を誘うとき まず断られない麺《めん》メニューよ
覚えとくといいわよ!!
ハア……
一理はあるかもですね 食事としてはカジュアルだし日本人は大の麺好き民族だし
――でもこの店にはパスタもラーメンもうどんもないですけどね
えー
パスタ ラーメン うどん……
シルクロード・タリム店主 スラジディン ケリム
それらすべての麺の起源と言われるウイグルの麺料理がありますよ?

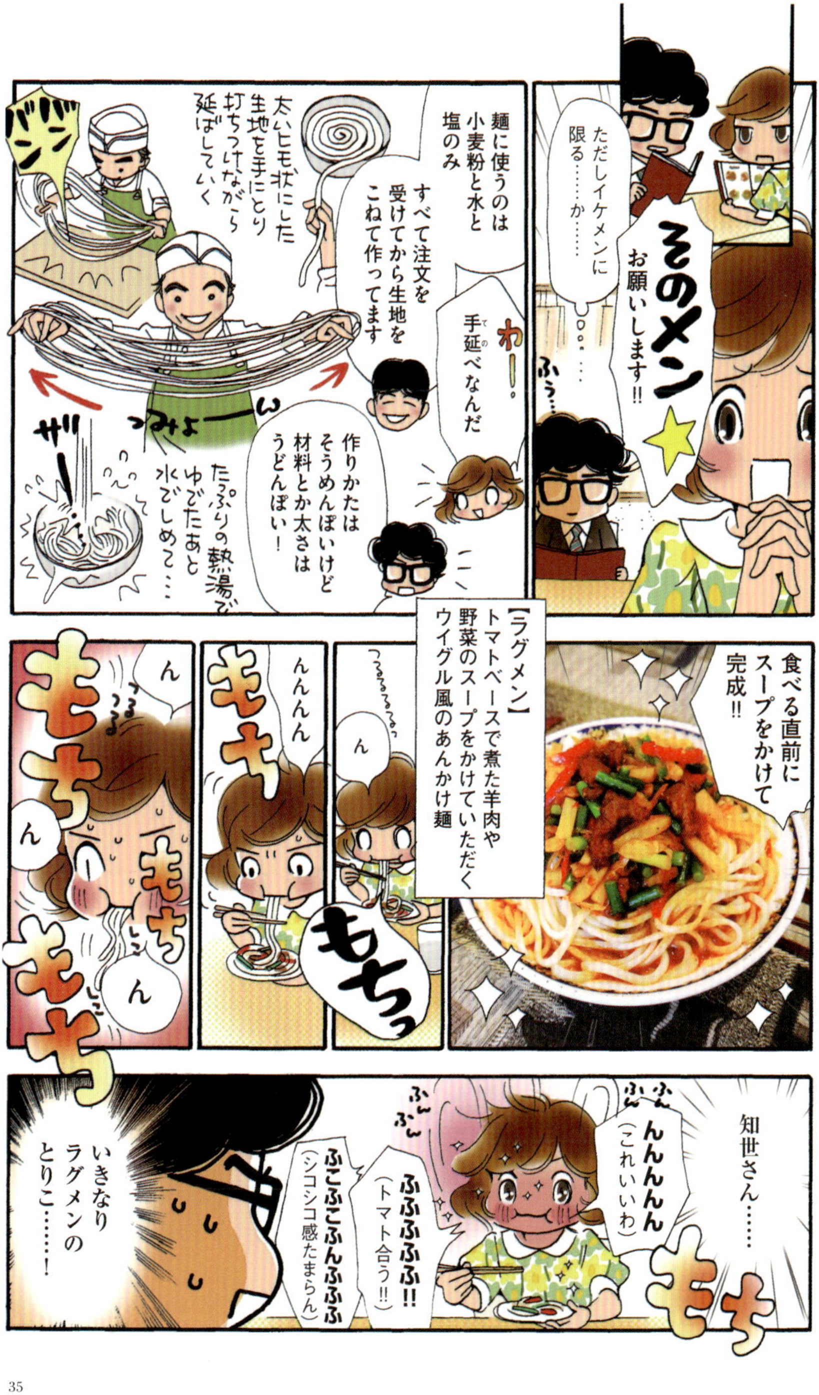
ただしイケメンに限る……か……
そのメン
お願いします!!
ふぅ…
麺に使うのは小麦粉と水と塩のみ
すべて注文を受けてから生地をこねて作ってます
わー。
手延《ての》べなんだ
作りかたはそうめんぽいけど材料とか太さはうどんぽい!
太いヒモ状にした生地を手にとり打ちつけながら延ばしていく
バンバン
みよーーん
ザバー
たっぷりの熱湯でゆでたあと水でしめて…
食べる直前にスープをかけて完成!!
【ラグメン】トマトベースで煮た羊肉や野菜のスープをかけていただくウイグル風のあんかけ麺
つるるるるるるっ
ん
もちっ
んんんん
もち
ん
つるつるっ
もち
もち
ん
もち
もち
知世さん……
もち
ふんふん
んんんんん
(これいいわ)
ふんふん
ふふふふふ!!
(トマト合う!!)
ふこふこふんふふふ
(シコシコ感たまらん)
いきなりラグメンのとりこ……!

ウイグルでは世界最古とも言われる「麺の化石」も見つかっているんですよね
そしてこの地は中国とヨーロッパを結んだシルクロードの要所であり中央アジアやロシアやモンゴルなど多くの国と接する異文化の交流地点
RUSSIA
MONGOLIA
KAZAKHSTAN
UYGHUR
KYRGYZ
TAJIKISTAN
AFGHANISTAN
PAKISTAN
CHINA
INDIA
つまり！
麺の源流はウイグルに有り…!?
ラ・グ・メ・ンと
ラ・ー・メ・ン
似てる！
ハッ
まさかのラ・グ・メ・ン!?
イタリアンのラ・グーソースって〜
でもラグメンのこの食感はラーメンでもパスタでもなく
さぬきうどん…
つるつる
しこしこ
空海が西まで足のばして持ち帰ってきたんじゃない!?
あの人神出鬼没だし
…あいまいなことも全部弘法大師にまかせようとしてませんか…?
ええ? ダメ?
【ズクカワプ】
香辛料に漬けこんだラム肉の串焼き いわゆるシシカバブ
じゅわわ
しっとりジューシィ〜
クミンが効いてます！
ウイグルではズクカワプを食べると男は元気に
女は美人になると言われてます

【ゴシナン】
羊ミンチを香辛料で味つけしナンではさんで揚げ焼きにしたウイグル風ミートパイ
さくさく★
中はやっぱりラム肉なんだ
うま うま
ウイグル族は大半がムスリムだからということもありますが
元々が羊と共に生きてきた遊牧民! 世界一羊料理が充実してると自負してます
そしてこのゴシナンのおいしさに感動したマルコポーロがイタリアに伝え アレンジされてできたものが……
という説も…
アレ!?
——まあ 麺やパンの起源は諸説あって何が正しいかはわかりませんが……
まさにシルクロードは麺ロード
シルクロードを行き来した人々が麺文化を伝え その土地土地で愛される麺料理を生み出したことは間違いないですよね……
ウイグル料理を食べ知世はまた一つ真実をつかんだ
愛されるレストランにイケ麺《メン》あり♡
つるん〜
ここはラグメンにメンじて許してやろう
くー
世界はおいしい麺でつながっている

世界メシ
その8
ブルキナファソ
[カラバッシュ]
浜松町

ほんとごめんね……
ウッ
知世《ちせ》(28)
1時間の遅刻なんて社会人失格よね……
え……っと
いやあの
ヒソヒソ
泣いてるわよ
米田《よねだ》(26)
大丈夫ですよ そんなこと全然気にしてませんから
お腹《なか》すいたでしょ? おいしいものでも食べて元気出して……
うん!!
だよねー
時間に遅れたところで死ぬわけじゃなし のんびりいけばいーのよね――
遅れたほうが言うかな?
え――でもこのお店いろんな国の料理があるみたいなんだけど何食べればいーんだろ――
ワタシの生まれた国ブルキナファソではみんな時間を守ります
カラバッシュ料理人エミール・イルブード
7時に約束したら必ず7時に集まるネ!

ブルキナファソ……
どこ？
ここ！
西アフリカの
コートジボワールとかマリとかガーナがお隣さん☆
アフリカの人って時間にまったりしてるもんじゃないの!?
あなたに言われたくないと思う……！
BURKINA＝高潔な人々
FASO＝祖国
HAHAHA!
ブルキナファソの人根がマジメでシャイでとても働き者なのよ
ブルキナファソのこと西アフリカの日本な——んて言う人もいますね！
親近感わく〜〜〜♡
どこかの日本人とはエライ違い…
【ベンガ】パンダ豆と米を煮て油たっぷりのソースをかけた豆ごはん
パンダ豆って初めて——
アフリカ原産のササゲの一種ですね 黒目豆《ブラックアイドピーズ》と呼ばれることも
あ〜〜〜
ぽく
ぽくぽくぽく
豆の味が濃いい〜〜
煮くずれてトロットロなのもイイ!!
化調に慣れきった舌にしみる滋味です——
食感は全然違うけどこういう赤茶っぽい豆ごはんどこかで……
お赤飯！
ササゲを使うお赤飯もあるもんね!!

【アカラ】パンダ豆をマッシュし油で揚げたフリット
こっちは同じパンダ豆とは思えないほどフワッフワ〜〜
………
やっぱアレ？ マメマメしい国民性だしマメがおいしいと!!
ソイつはどうかな……
（マメだけに……）
やっぱり主食も豆なんですか？
豆もライスも麺もバゲットも食べるけど
フランス領だったからね
ブルキナファソのトラディショナルな主食といえばやっぱり「トー」
【トー】トウモロコシ粉を湯で練ってモチ状にしたもの
【オクラのシチュー】西アフリカ一帯で「ソース」と呼ばれているおかずシチュー「ソース・ゴンボ」とも
見た目はカレーっぽいけど全然辛くないし素朴ですっごくやさしい味わいだねーー
けど奥のほうにはちゃーんとコクを感じます
なんのダシ使ってるんだろ？
ソースのベースはドライフィッシュ（燻製魚）ね
煮干しとかカツオブシ感覚なんだね
そして「スンバラ」
コレ
？
スンバラ……？

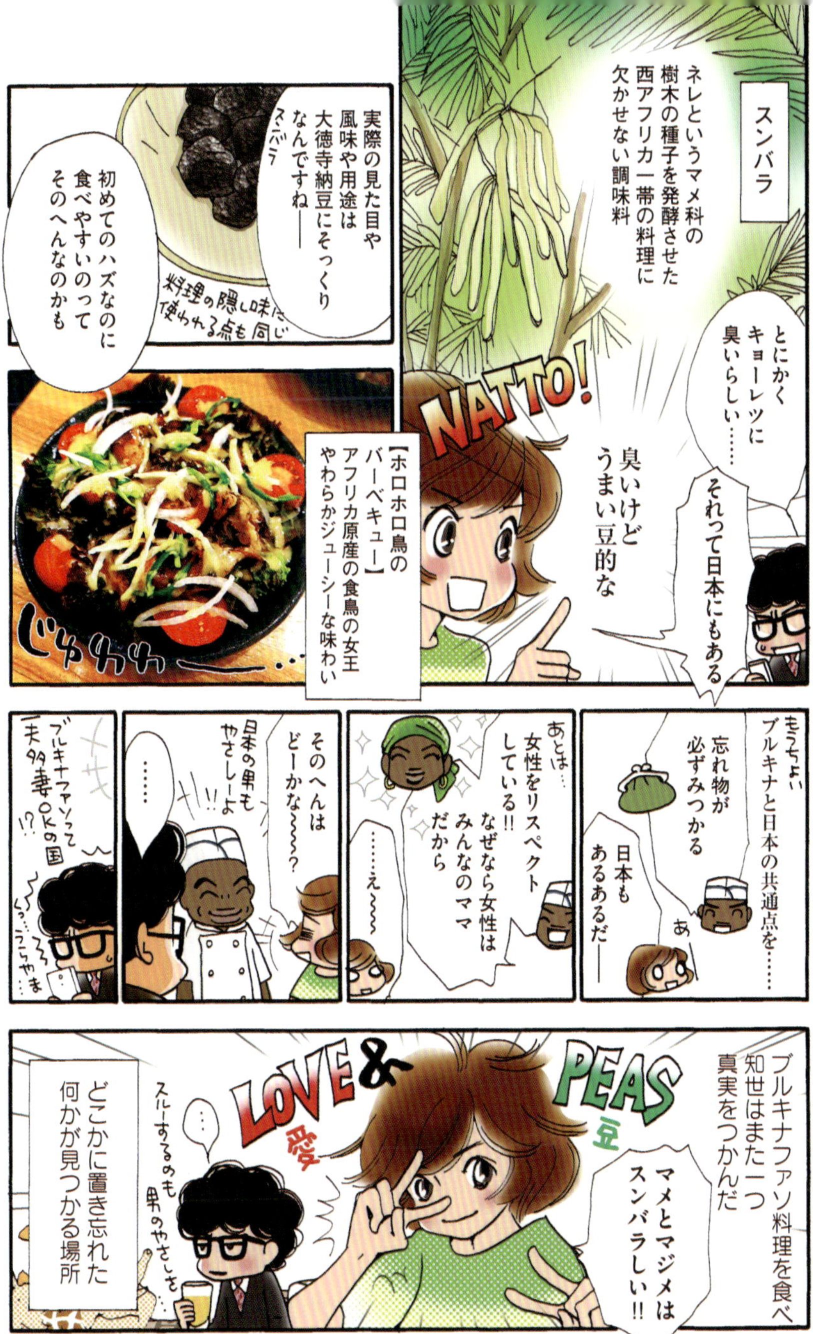
スンバラ
ネレというマメ科の樹木の種子を発酵させた西アフリカ一帯の料理に欠かせない調味料
とにかくキョーレツに臭いらしい……
NATTO!
臭いけどうまい豆的な
それって日本にもある
実際の見た目や風味や用途は大徳寺納豆にそっくりなんですね――
スンバラ
料理の隠し味に使われる点も同じ
初めてのハズなのに食べやすいのってそのへんなのかも
【ホロホロ鳥のバーベキュー】アフリカ原産の食鳥の女王やわらかジューシーな味わい
じゅわわわ――…
もうちょいブルキナと日本の共通点を……
忘れ物が必ずみつかる
あ
日本もあるあるだ――
あとは…女性をリスペクトしている!! なぜなら女性はみんなのママだから
……え～～
そのへんはどーかな～～?
日本の男もやさしーよ
!!
……
ブルキナファソって一夫多妻OKの国
!?
くっ…うらやま…
ブルキナファソ料理を食べ知世はまた一つ真実をつかんだ
LOVE & PEAS
愛
豆
マメとマジメはスンバラしい!!
…
スルーするのも男のやさしさ…
どこかに置き忘れた何かが見つかる場所

世界メシ
その9
フィリピン
[クシネーラ]
大森

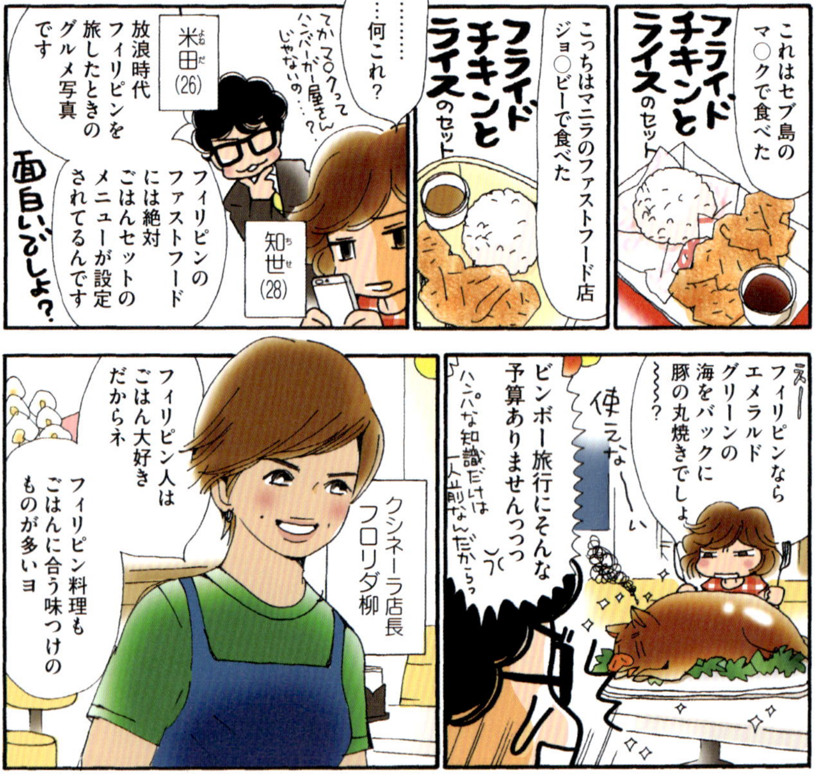
これはセブ島のマ○クで食べた
フライドチキンとライスのセット
こっちはマニラのファストフード店ジョ○ビーで食べた
フライドチキンとライスのセット
……………何これ？
てかマ○クってハンバーガー屋さんじゃないの……？
米田《よねだ》(26)
放浪時代フィリピンを旅したときのグルメ写真です
知世《ちせ》(28)
フィリピンのファストフードには絶対ごはんセットのメニューが設定されてるんです
面白いでしょ？
えー フィリピンならエメラルドグリーンの海をバックに豚の丸焼きでしょ〜〜？
使えなーい
ビンボー旅行にそんな予算ありませんっっっ
ハンパな知識だけは一人前なんだからっ
フィリピン人はごはん大好きだからネ
クシネーラ店長 フロリダ柳
フィリピン料理もごはんに合う味つけのものが多いヨ

ふーーん
まーでも私は ビールさえあれば ……
【アドボ】たっぷりの酢としょうゆ 砂糖 ニンニク パティス(魚醤)で 肉を煮込んだ甘酸っぱい フィリピンの国民食
てりてり…
しみしみ…
鶏《とり》手《て》羽《ば》を使う ことも多いけど 今日は豚肉で どーぞー
ごはん! お願いします
大盛りで!
ハイ ハーイ
三枚肉の脂と甘酸っぱい タレが白いごはんに超絶
合う!
この味 男子的にも どストライク です!!
よかった
フィリピン料理を 食べるときは 右手にスプーン 左手にフォークが基本
こう?
スプーンで 肉や魚の身を
切る
ティラピアの 唐揚げ
魚の骨を
はずす
さっくり
スプーンとフォークで 自分の皿に
よそう

フィリピンスタイル
こうして自分のお皿のごはんにいろんなおかずをのせまぜまぜしながらスプーンで食べるのが
ハロハロ（まぜまぜ）おいし〜〜
【シシグ】刻んだ豚耳や豚ホホ肉をニンニク等で炒めたピリ辛おかず
じゅわわー
レモンしぼって生卵をからめてね
コリコリ
もり
コリコリ
もり
……米田くん………
……なんですか知世さん
もり
シシグって……甘辛かつピリ辛でおそろしい勢いでごはんが進むんだけど?
……やばいですね
もり
もり
まさにごはんに混ぜるなキケン級の旨《うま》さです……
2011年 FAO CAST 発表データ
お米の国の日本人としても脅威ねフィリピン料理
ヒリヒリ
ご存じですか知世さん
フィリピン人一人あたりのコメ消費量は一日325g
コンビニおにぎり(45g)でいうと約7個分
対して日本人は一日119g
おにぎり2個半…
その差なんと2・7倍!
ごはん愛において日本人はフィリピン人に遠くおよばないのです!

……大丈夫よ
私がレストランを開店した暁《あかつき》にはこの料理をパク…いえインスパイアしたメニューを出して
日本のコメ消費量を上げてみせる……！
壮大すぎる野望に二の句がつげません
こっちもごはんにかけてみて——
【シニガン】タマリンドで味つけした酸っぱいスープ
スペアリブにナス シシトウ 空心菜 大根 里イモ……
具だくさん！
どの料理も味つけはしっかりしつつ酸味がいい仕事してるよね——
タマリンド
アフリカ原産のマメ科の植物 黒い果肉を酸味づけに使う
カラマンシー
フィリピンで人気のかんきつ類 レモンやライムのように使われる
ジュースもおいしい
サウサワン・スーカ
ココナッツ酢やさとうきび酢をベースに唐辛子 ニンニク 刻み玉ネギを漬け込んだスパイスビネガー
料理にちょい足しでメチャ旨
香りの強い香草も激辛もありませんが
暑い国ならではの食欲を高める工夫と味わいがつまってるんですね
日本の夏にもピッタリ！
フィリピン料理を食べ知世はまた一つ真実をつかんだ
ごはんが進むおかずは正義
おかわり
くやしいけど
異議なし！
ノーライス ノーライフ
む

世界メシ
その10
ベラルーシ
[ミンスクの台所]
六本木

やっぱこれから来るのは
パンケーキだと思うのよね
知世《ちせ》(28)
米田《よねだ》(26)
えっ……
──て…
いまさら!?
えええええぇっ
パンケーキってフォトジェニックだしー
ステキ女子にインスタとかで広めてもらってェー
えっ
え
え
いやいやいやいや
パンケーキなんてブームになってどんだけたってると思ってんスか
知世さんがレストランオープンさせる頃にはほぼほぼニュータイプパンケーキが出揃ってますよ
えーそおお~~?
ミンスクの台所 店主 バリシュク・ヴィクトリア
ベラルーシには「ドラニキ」という国民食があるんですが
これじゃがいもで作ったパンケーキなんですよ

【ドラニキ】すりおろしたじゃがいもに小麦粉と卵を加え焼いた食事系パンケーキ
ほか
ほか
これは豚ひき肉入りver.
いただきまーす
カリッ もちっ
かりっ もちっ…
味つけはシンプルなのに
おいしい……!
え? え? これじゃがいもなんだ!
超もっちもち
つなぎの小麦粉はほんのちょっと☆
じゃがいものでんぷん質がこの独特のもちもち感を作るんですよ
ベラルーシはロシアやウクライナと同じ東スラブ民族なので 共通した料理も多くて
あえてベラルーシならではの特徴をあげるなら「じゃがいも」かも
へー
ほかにはどんなじゃがいも料理が?
日本語でいうと「毛皮のコートを着たニシン」ですね
はい?
つーん
ニシンのくせに毛皮?
まずは一番底に玉ねぎやゆで卵を混ぜたマッシュポテトをしきつめ……
ココまではフツーのポテトサラダ

その上にマリネしたニシン
千切りにしたにんじん……
同じく千切りにしたビーツをミルフィーユ状に重ね
ゴージャスー
【ニシンとビーツのサラダ】マヨネーズで和えた野菜とニシンがさわやかな一品
まさに美しすぎるニシンです
ESTONIA
RUSSIA
LATVIA
LITHUANIA
BELARUS
POLAND
UKRAINE
ベラルーシには海がないので塩漬けや酢漬けの魚もよく使われるんです
なるほど
そしてニシンとポテサラ合う〜〜〜
不思議〜
よかったー
ベラルーシは世界一じゃがいもを食べる国で
(一人当たりの年間消費量183kg 2009 FAO)
自分たちのこともブリビャーシュ(じゃがいも人)って呼んでるくらいなんですよ
じゃがいも人ここ?
やあ!
それでいいのかベラルーシ人
でもベラルーシって店長さんみたいな美人が多い……ていうか美人しかいない国って聞いたことあるよ
街中にシャラポワ(両親がベラルーシ人)みたいな人がゴロゴロいるんだって
イメージです
なんと!
うん ニシンの酸味が効いてる♡
まあでも確かに美容にも優秀な食べ物なんだよね じゃがいも……

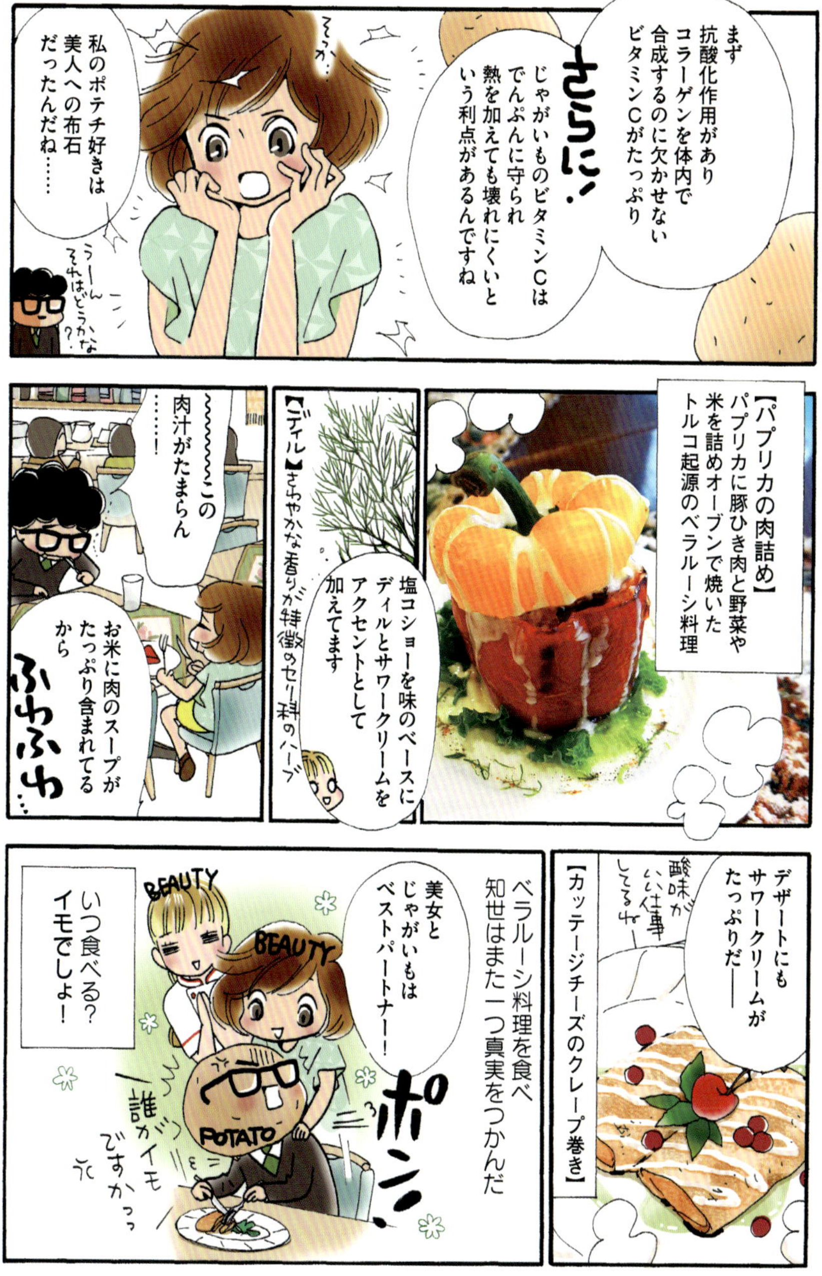
まず抗酸化作用がありコラーゲンを体内で合成するのに欠かせないビタミンCがたっぷり
さらに!
じゃがいものビタミンCはでんぷんに守られ熱を加えても壊れにくいという利点があるんですね
そっか…
私のポテチ好きは美人への布石だったんだね……
うーん それはどうかな?
【パプリカの肉詰め】パプリカに豚ひき肉と野菜や米を詰めオーブンで焼いたトルコ起源のベラルーシ料理
【ディル】さわやかな香りが特徴のセリ科のハーブ
塩コショーを味のベースにディルとサワークリームをアクセントとして加えてます
この肉汁がたまらん……!
お米に肉のスープがたっぷり含まれてるから
ふわふわ…
酸味が仕事してるね
デザートにもサワークリームがたっぷりだ——
【カッテージチーズのクレープ巻き】
ベラルーシ料理を食べ知世はまた一つ真実をつかんだ
美女とじゃがいもはベストパートナー!
BEAUTY
BEAUTY
POTATO
ポン!
誰がイモですかっっ
いつ食べる?イモでしょ!

世界メシ
その11
ハワイ
[オゴ オノロア ハワイ]
赤坂

ねーねー米《よね》田《だ》くん
知《ち》世《せ》(28)
「ALOHA」ってどういう意味か知ってる——?
何を今さら
てか何そのポーズ
米田(26)
こんにちはさようならありがとう
でしょ?
ハーーッ
米田くんて世界中旅して何でも知ってるらしいけど
ほーんと肝心なとこがイケてないよね——
知世さん
ケンカ売ってます?
ALOHAにはね I LOVE YOU って意味もあるの
そしてこれは「愛してる」を意味するフラのハンドモーション
何かの情報番組観たな…
気持ちを伝えるフラの表現ってステキよね——
フラはアロハ精神を踊りで伝えるものですが
オゴ オノロア ハワイ
店主兼料理人
リョージ
私は料理で本物のハワイを伝えたいと思ってるんです

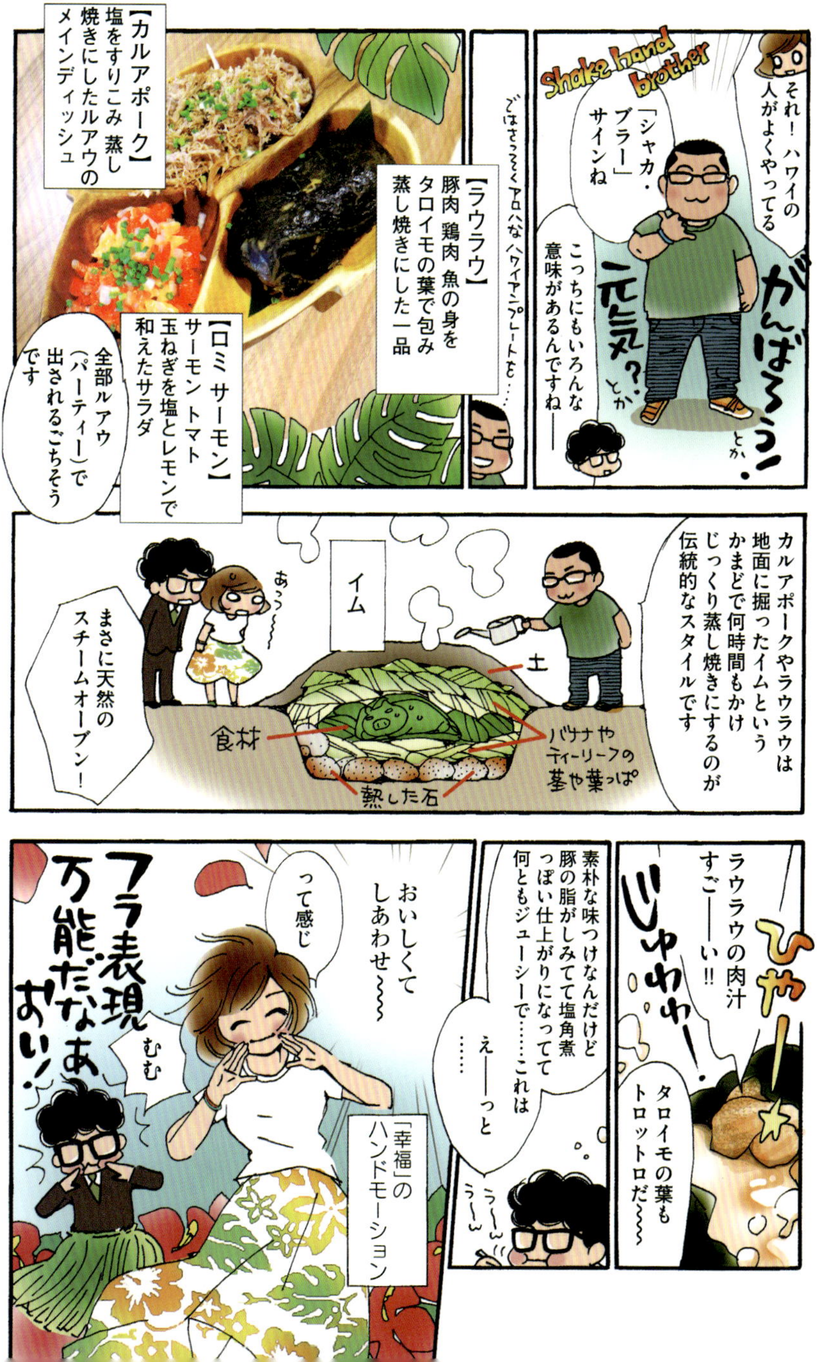
それ！ハワイの人がよくやってる
「シャカ・ブラー」サインね
Shake hand brother
がんばろう！とか
元気？とか
こっちにもいろんな意味があるんですね——
ではさっそくアロハなハワイアンプレートを…
【カルアポーク】塩をすりこみ 蒸し焼きにしたルアウのメインディッシュ
【ラウラウ】豚肉 鶏肉 魚の身をタロイモの葉で包み蒸し焼きにした一品
【ロミサーモン】サーモン トマト 玉ねぎを塩とレモンで和えたサラダ
全部ルアウ（パーティー）で出されるごちそうです
カルアポークやラウラウは地面に掘ったイムというかまどで何時間もかけじっくり蒸し焼きにするのが伝統的なスタイルです
イム
土
バナナやティーリーフの茎や葉っぱ
熱した石
食材
あつ〜〜
まさに天然のスチームオーブン！
ひゃー！
じゅわわ〜！
ラウラウの肉汁すご——い!!
タロイモの葉もトロットロだ〜〜
素朴な味つけなんだけど豚の脂がしみてて塩角煮っぽい仕上がりになってて何ともジューシーで……これは
え——っと……
う〜ん う〜ん
おいしくてしあわせ〜〜
って感じ
「幸福」のハンドモーション
むむ
フラ表現万能だなあおい！

よく知ってますね
ハワイアンズのお姉さんに教えてもらったの〜
トラディショナルなハワイ料理は塩のみのシンプルな味つけが基本ですが
現代のハワイ料理に欠かせない調味料といえばこの3つかな
ハワイアンソルト
近効の海底の赤土と海水をミックスして精製したミネラルたっぷりの赤い塩
しょうゆ
from JAPAN
マヨネーズ
from USA
キムチ
from KOREA
しょうゆ、マヨ共に日本のものより甘め♡
すっごいミクスチャー！
でもこれならどんな組み合わせにしても親和性高そうです
というわけでこちらのローカルフードをどうぞ
【フライドサイミン】ハワイ人のソウルヌードル「サイミン」の焼きそば版
具はスパム……カラーピーマン……
かまぼこ!?
なぜ？
「サイミン」はラーメンでもうどんでもありません
だしは干しエビ&かつお節
具はピンクのなると赤いチャーシュースパムワンタンキムチ……
小皿に溶いた辛子じょうゆにつけて食べるのがロコスタイル
ベースはほんのりしょうゆ味で和を感じるけど
麺はかんすい入りで中国の存在感
沖縄そばに似てるけど全然違う
これは間違いなく
アロハな味!!

フライドサイミンもアロハなんだけどやっぱがっつり系のアロハといえば
これね
【ロコモコ】白飯にハンバーグ目玉焼きをのせグレイビーソースをかけた人気の一品
マカロニサラダといっしょによーく混ぜて食べてね
これこれ!
ま、ローカルの人間はあんまりロコモコ食べないけどね
ボリッ!
お皮ならポーチュギーソーセージが好き♥
ポルトガル由来(?)のピリ辛ソーセージ
ボクにとってはアロハだから…
ハワイはもともと多くの国から移民を受け入れてきた歴史を持つ国
ロコフードはそんなアロハ精神から自然に生まれたものかもしれませんね
Aakahi 思いやり
Lokahi 調和
O'lu'olu 喜び
Ha'aha'a 謙虚
Ahonui 忍耐
ALO 一緒にいる
OHA 幸福
HA 生命の息吹
愛し受け入れ共に生き幸せになる
それがきっとアロハなごはん……!
ハワイ料理を食べ知世はまたひとつ真実をつかんだ
おいしいごはんにはI LOVE YOUがつまってる♡
ALOHA!
カンタンだけど広いシンプルだけど深いアロハのイロハ

世界メシ
その12
ジャマイカ
[グッドウッドテラス]
渋谷
店先にドラム缶……?
いかにもこれはドラム缶ですね
ジャマイカのナショナルカラーで塗られたこれは……
フム…
米田《よねだ》(26)
ジャマイカな日焼けマシーン!?
知世《ちせ》(28)
かっこいい
うん
てりてり
絶対違いますね
米田くんだって知らないくせにー
ジャマイカ人は何よりレゲエとダンスを愛する人々! きっとこれは楽器的な何か
今もごきげんなレゲエミュージックが……
それは「ジャークパン」ジャークチキンを作るためのグリルですね
グッドウッドテラス シェフ リチャード・ネットランド
店長 佐藤健太
ジャマイカでは夕方になると路上にこのジャークチキンの屋台がずらりと並ぶんです

店の中にもドラム缶が!!
じゅう
じゅう
じゅう
フライパンでもオーブンでも作れますが
トラディショナルなジャマイカスタイルはこのドラム缶で炭火焼きする方法なんです
ジャマイカ式BBQだ――
ふにお～い
ただのBBQと違うのは鶏肉をオールスパイスやタイムなどたっぷりのスパイスに一晩じっくり漬け込んでいるところ
ジュワワー
【ジャークチキン】スパイスに漬けた鶏モモを炭火で蒸し焼きにしたジャマイカの国民食
【ライス＆ピーズ】キドニービーンズとココナッツミルクのジャマイカ流赤飯
お好みでホットペッパーソースをつけてどうぞ
パリッ
!
皮はパリパリ身はジューシー香ばしくてスパイシーで
でも奥にはほんのり甘さもあ～ん…
これは……!
じゅわ
ビールお願いします!
OK!
トン
IMPORTED Red Stripe JAMAICAN LAGER
ジャマイカ三大名物のひとつレッドストライプビールね
残り2つはレゲエとブルーマウンテン
ぐぴぐぴぐぴ
トム・クルーズが映画で飲んでたビール…

〜〜〜くーーっ
レゲエとビールとジャークチキン！
最高のコンビネーションです!!
ジャマイカは週給制のとこが多いからペイデーの金曜日はみんなパーティー行って飲んで踊ってジャークチキン食べて
花金チキン!!
ですね！
ま
ジャマイカ人はもともとチキン大好きだからほぼ毎日チキン食べてますけどね
これも定番料理のひとつ
【ブラウンシチューチキン】スパイスを効かせた具だくさんの鶏肉トマト煮
ホロ…
ライス&ピーズにも合うー
ジャマイカの印象ーー？
とにかく陽気ですよね
キングストンにいたとき山《ブルーマウンテン》から歌歌いながら降りてくるおじいちゃんがいて
歌メチャうま！
何者!?
ズンチャッ ズンチャッ
なんでそんなにうまいのかって聞くと
ヤーマン！
(どーも〜)
生まれてから歌しか歌ってこなかったから♪
エヘ
この巨大帽子にレゲエとドレッドがつまってる…ハズ
……ステキ！
冗談じゃなさそうなのが怖い……

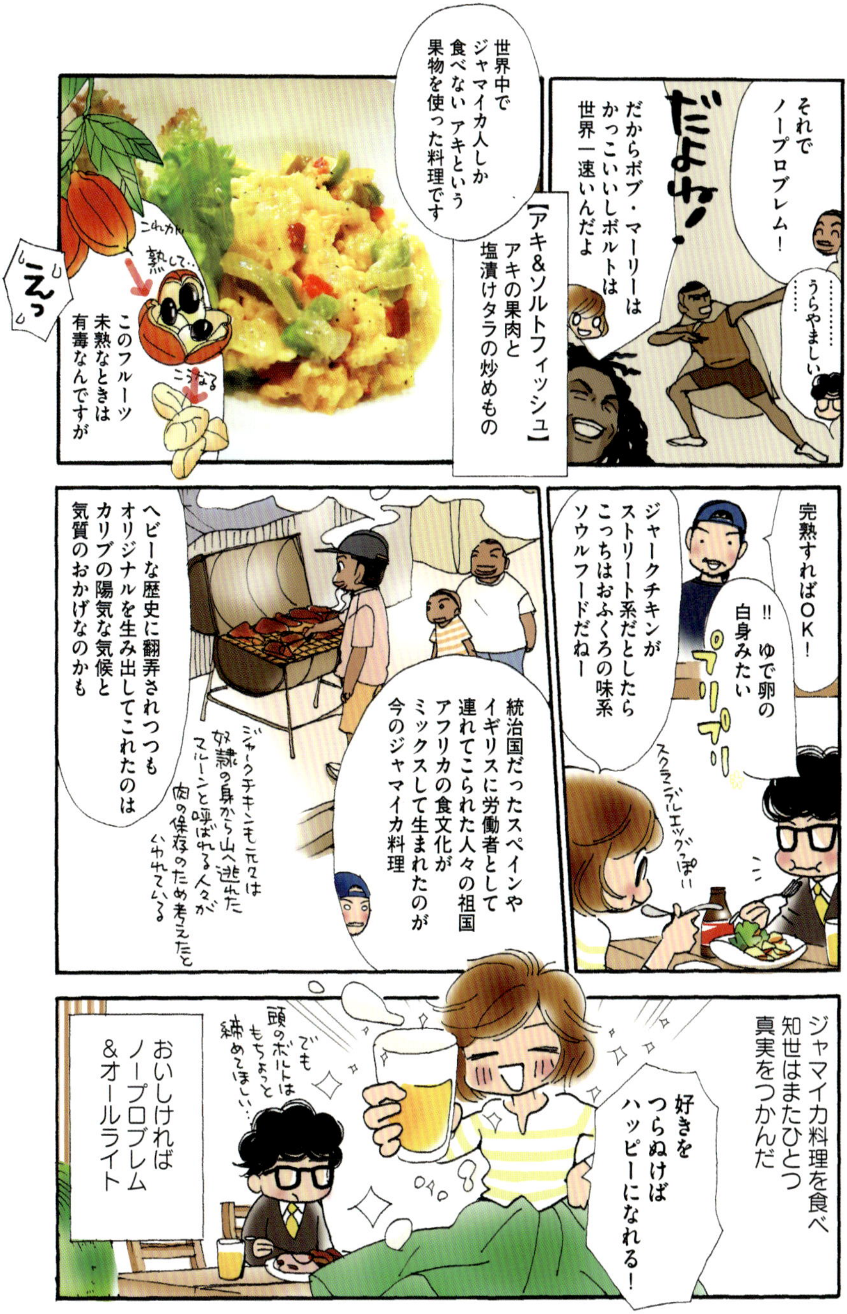
それで ノープロブレム！
だよね！
だからボブ・マーリーは かっこいいしボルトは 世界一速いんだよ
うらやましい……
世界中で ジャマイカ人しか 食べない アキという 果物を使った料理です
【アキ&ソルトフィッシュ】 アキの果肉と 塩漬けタラの炒めもの
これが
熟して…
こうなる
このフルーツ 未熟なときは 有毒なんですが
えっ
完熟すればOK！
‼ ゆで卵の 白身みたい
プリプリ
スクランブルエッグっぽい
ジャークチキンが ストリート系だとしたら こっちはおふくろの味系 ソウルフードだねー
統治国だったスペインや イギリスに労働者として 連れてこられた人々の祖国 アフリカの食文化が ミックスして生まれたのが 今のジャマイカ料理
ジャークチキンも元々は 奴隷の身から山へ逃れた マルーンと呼ばれる人々が 肉の保存のため考えたと いわれている
ヘビーな歴史に翻弄されつつも オリジナルを生み出してこれたのは カリブの陽気な気候と 気質のおかげなのかも
ジャマイカ料理を食べ 知世はまたひとつ 真実をつかんだ
好きを つらぬけば ハッピーになれる！
でも 頭のボルトは もちょっと 締めてほしい…
おいしければ ノープロブレム &オールライト

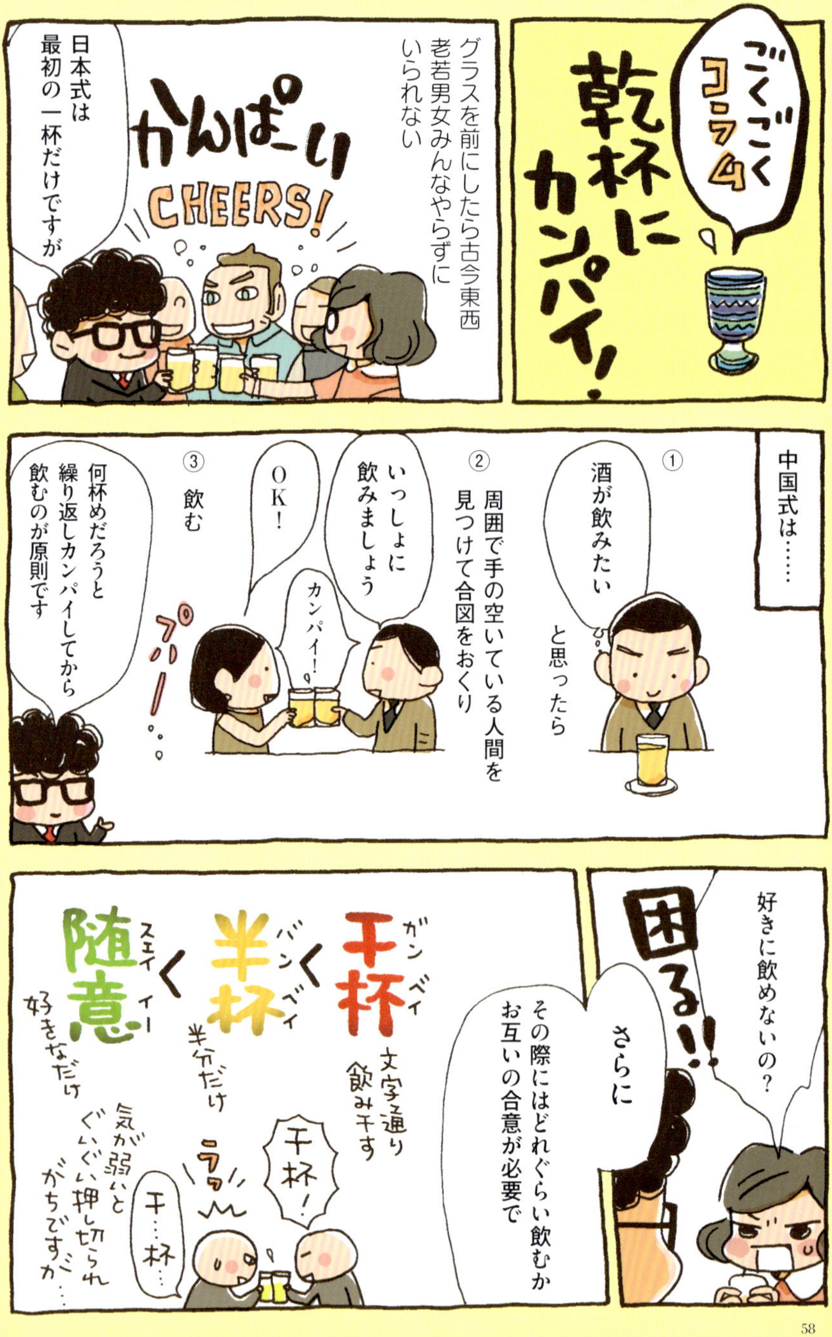
ごくごくコラム4
乾杯にカンパイ！
グラスを前にしたら古今東西
老若男女みんなやらずに
いられない
かんぱーい
CHEERS!
日本式は
最初の一杯だけですが
中国式は……
①
酒が飲みたい
と思ったら
②
周囲で手の空いている人間を
見つけて合図をおくり
いっしょに
飲みましょう
OK!
カンパイ！
③
飲む
プハー
何杯めだろうと
繰り返しカンパイしてから
飲むのが原則です
好きに飲めないの？
困る!!
さらに
その際にはどれぐらい飲むか
お互いの合意が必要で
干杯《ガンベイ》
文字通り
飲み干す
＜
半杯《バンベイ》
半分だけ
＜
随意《スェイイー》
好きなだけ
干杯！
ラァ
干…杯…
気が弱いと
ぐいぐい押し切られ
がちですか…

中国式
いーいね！
いい大人は「随意」で切り抜けましょう
一方ロシア式のカンパイは……
一杯めからもちろんウォッカさ！
なぜなら2杯めとかウォッカに失礼だから…
まずは健康のためにカンパイ
すでに矛盾している…
そして出席者の数だけカンパイを続ける（もちろん一気飲み）
なぜならやっぱりウォッカに失礼だから……
愛のために
友情のために
出会いを祝して
おそロシア
つまり5人なら5回30人なら30回……
日本式でも中国式でもロシア式でも
おいしいごはんにカンパイ！
誰かとするカンパイがきっと出会いの合図になるはず

世界メシ
その13
イスラエル
[シャマイム]
江古田
2050年……世界の人口は96億人に達すると言われている
知世《ちせ》(28)
なのに
日本の食料自給率いまだ4割以下……
これはゆゆしき事態だと思うのよ米田《よねだ》くん
え
米田(26)
知世さんが社会派っぽい発言をしている…
だって
おいしいもの食べられなくなったりしたら困るじゃん!!
動物性たんぱく質が虫オンリーとかになったら悲しすぎるっ
あいかわらず……脳ミソ虫並みですね
はああ
その点イスラエルってすごいんですよね
国土の6割が乾燥地
4月から10月が乾期っていう
過酷な条件下で
食料自給率9割以上
日本の8分の1の農地面積で日本とほぼ同額の農業輸出高を稼いでるっていう
カッ…
さばくー
え?なんで!?
シャマイム店主
北岡《きたおか》タル
少ない土地と水で最大の収穫を上げる
イスラエルは実はハイテク農業大国なんですよ

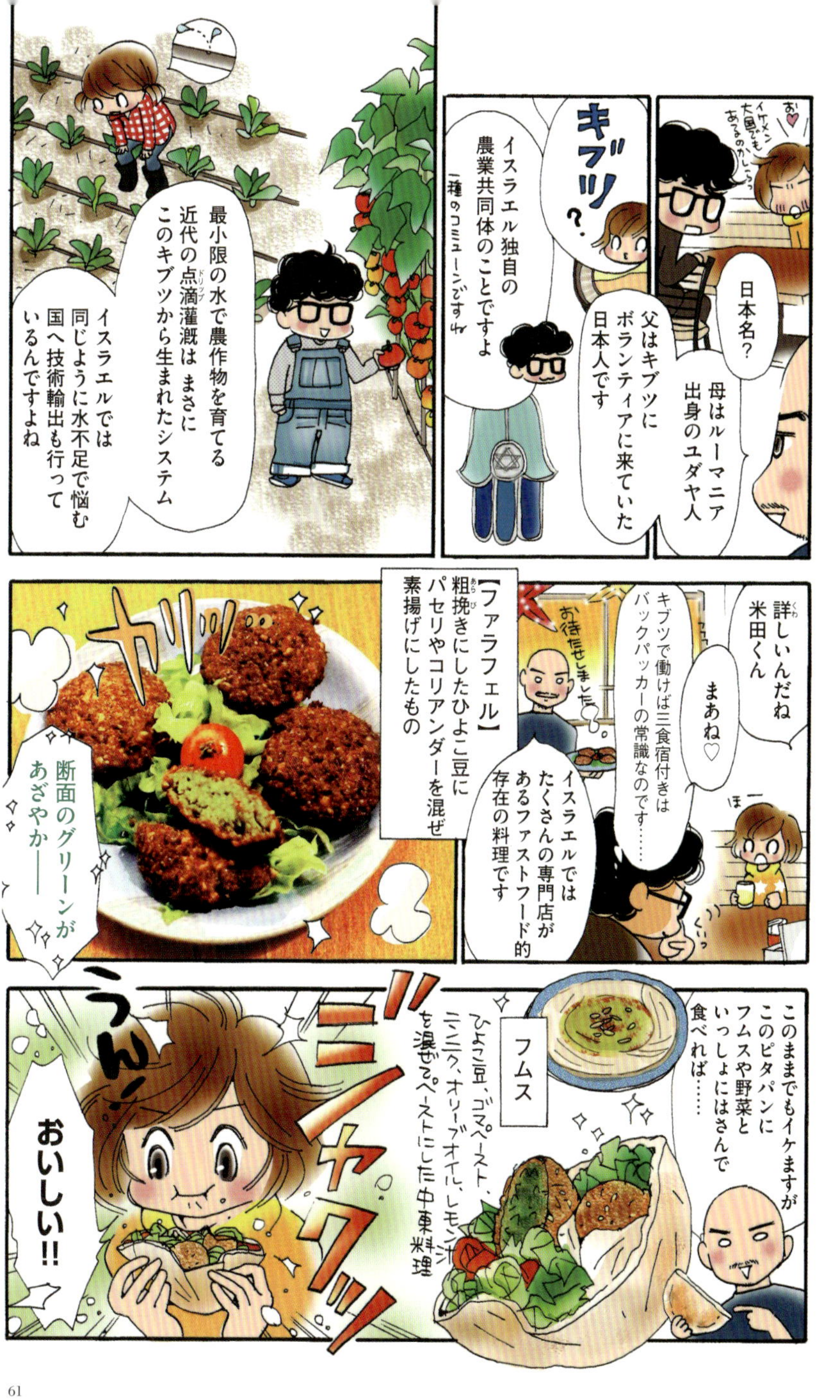
お♡
イケメン大国でもあるのかしらっ
日本名?
母はルーマニア出身のユダヤ人
父はキブツにボランティアに来ていた日本人です
キブツ?
イスラエル独自の農業共同体のことですよ
一種のコミューンです
最小限の水で農作物を育てる近代の点滴《ドリップ》灌漑は まさにこのキブツから生まれたシステム
イスラエルでは同じように水不足で悩む国へ技術輸出も行っているんですよね
詳《くわ》しいんだね米田くん
まあね♡
キブツで働けば三食宿付きはバックパッカーの常識なのです……
ほー
お待たせしました
イスラエルではたくさんの専門店があるファストフード的存在の料理です
くいっ
【ファラフェル】
粗挽《あらび》きにしたひよこ豆にパセリやコリアンダーを混ぜ素揚げにしたもの
カリッ
断面のグリーンがあざやか――
このままでもイケますがこのピタパンにフムスや野菜といっしょにはさんで食べれば……
フムス
ひよこ豆、ゴマペースト、ニンニク、オリーブオイル、レモン汁を混ぜてペーストにした中東料理
ジャクッ
うん!
おいしい!!

ファラフェルもフムスも ひよこ豆でお肉ゼロ なのに 肉的うまみが みなぎってる！
じゃくじゃく
くせになる味だ〜〜
ベジタリアンやビーガンに ファラフェルが人気なのが わかる気がします
なんせ小さい頃から 本場のおいしいフムスしか食べてませんからネ！
どやっ
おおっ たのもしー
タヒニ
TAHINI
そして フムスの味の要《かなめ》に なっているのが 中東版練りゴマ 「タヒニ」
日本の練りゴマとは違い 生のままのゴマを ペーストしている
実際 出している料理は 日本人の舌にはまったく 合わせてないんですよ
そしてこちらは イスラエルの朝食 定番メニュー
【シャクシューカ】 トマト 玉ネギ ニンニク オリーブオイルで作った トマトソースに 卵を入れて煮込んだもの
ぐつ
ぐつ
メニューには 「イスラエル風トマト オムレツ」って書いてる けど どっちかっていうと ポーチドエッグ？
香りがすごくいい！
これは マジョラム ですね
クミン
セリ科の スパイス 「カレーのいい香り」の素
辛みより深みを 感じさせるのが イスラエル料理の特徴ね
マジョラム
シソ科のハーブ 甘く上品な香り
パセリ
この甘辛さ ごはんにも きっと合う！
ピタパンも すすむ
コリアンダーシード
甘い香りの セリ科の スパイス 葉は香菜《パクチー》として使用する
パプリカ
ほんのり 甘いものから 辛みも 感じるものまで 多種
豆とかゴマとかトマトとか なじみのある素材でも 新鮮な甘みや酸味を 感じるのはこのハーブや スパイスのおかげなんですね
ザータル
タイム、ゴマ、 スーマック (ウルシ科のハーブ) マジョラム等が配合された 中近東のハーブミックス

ふっふっふ…
うま
うま
もう私
お肉がなくても
生きていけちゃう
かも……♡
お待たせしました
シシカバブです
じゅーしー。。
【ラム シシカバブ】
ハーブ&スパイスを
練り込んだ
ラム挽き肉の串焼き
やっぱ
コレよね〜〜
結局
食べるん
ですかっっ
「コーシャ」もあるし
料理に関しては
ストイックなイメージが
あったんですが どれも
すごくおいしかったです
たとえば
乳製品×肉類の
組み合わせはNG
つまりイスラエルに
チーズバーガーや
生ハムピザは
存在しない
コーシャ
ユダヤ教の食事規定
タブーな食材や
製造方法
食べ方等についての
ルールが細かく
決められている
厳しい条件のもと
知恵と汗を出し合って
きたイスラエル……
……ほんと
食べてみてわかった
やる気があれば
何でもできる！
(たぶん)
プロテイイン
イン！。
筋肉を作る
わあ
めんどくさい
イスラエル料理を食べ
知世はまた一つ
真実をつかんだ
うっとり…
肉がなければ
豆を食べれば
いーんじゃない？
説得力
ねえ…
必要は発明の母
人生はありのママ

世界メシ
その14
バングラデシュ
[アジアカレーハウス]
錦糸町
……誰しもここ一番の「勝負メシ」ってあると思うんです……
まだかな
まだかな
米田《よねだ》(26)
知世《ちせ》(28)
例《たと》えばここダービー通りに集《つど》う人々にとっては競馬中継に興じながらほおばるモツ煮だったり
出勤前のホステスさんがなじみの喫茶店で食べる安定のピラフだったり……
※車道
そして!
この街で働くバングラデシュ人にとっては
ガラッ
空イタヨー
わーい♡
このお店で食べるバングラデシュカレーってワケね!
でっ……です!!
こんにちはー
うしろしつれいしまーす
ぎゅう
確かに店内濃度高い気がするー!
わ〜
イラッシャイマセ
ぎゅう
キョロキョロ
え〜っと…
メニューはどこですか?
アジアカレーハウス店主
スルタン・テイプ
今日のメニューはビリヤニとチキンカレー
キッパリ!!
ぱかっ

ここは日替わりのセットメニューオンリーなの
座れば出てくる
注文のいらない料理店だ!
あっどーも…
ハイドーゾ
モリッ
モリッ
【マトン ビリヤニ】インド・イスラム圏定番のスパイスたっぷりの香り高い炊き込みごはん
キャー
すごいボリューーム!
バングラデシュではお祝いのときよく食べるネ
客①
やいの やいの
ゆで卵とサラダを添えるのがバングラ流
客②
ここの味こそがバングラデシュ
客③
い……いただきます……
香り米《アロマライス》と……マトンの風味と……スパイスとバターがからみあって……
がっしゃ
やだこれ超好き!
がっしゃ
うんうん
だろうだろう
おかわりはフリーよ
【チキンカレー】バングラデシュで「トルカリ」と呼ばれるカレーの中の一つ これはムルギートルカリ
ん ホロッ…
骨つき鶏もも肉がしっとりやわらかジューシーで
うますぎる〜〜
バングラデシュのカレーは初めて?
はい
やっぱりインドの味とは違うんですか?
バングラデシュって北も東も西もインドだけど…
INDIA
BANGLADESH

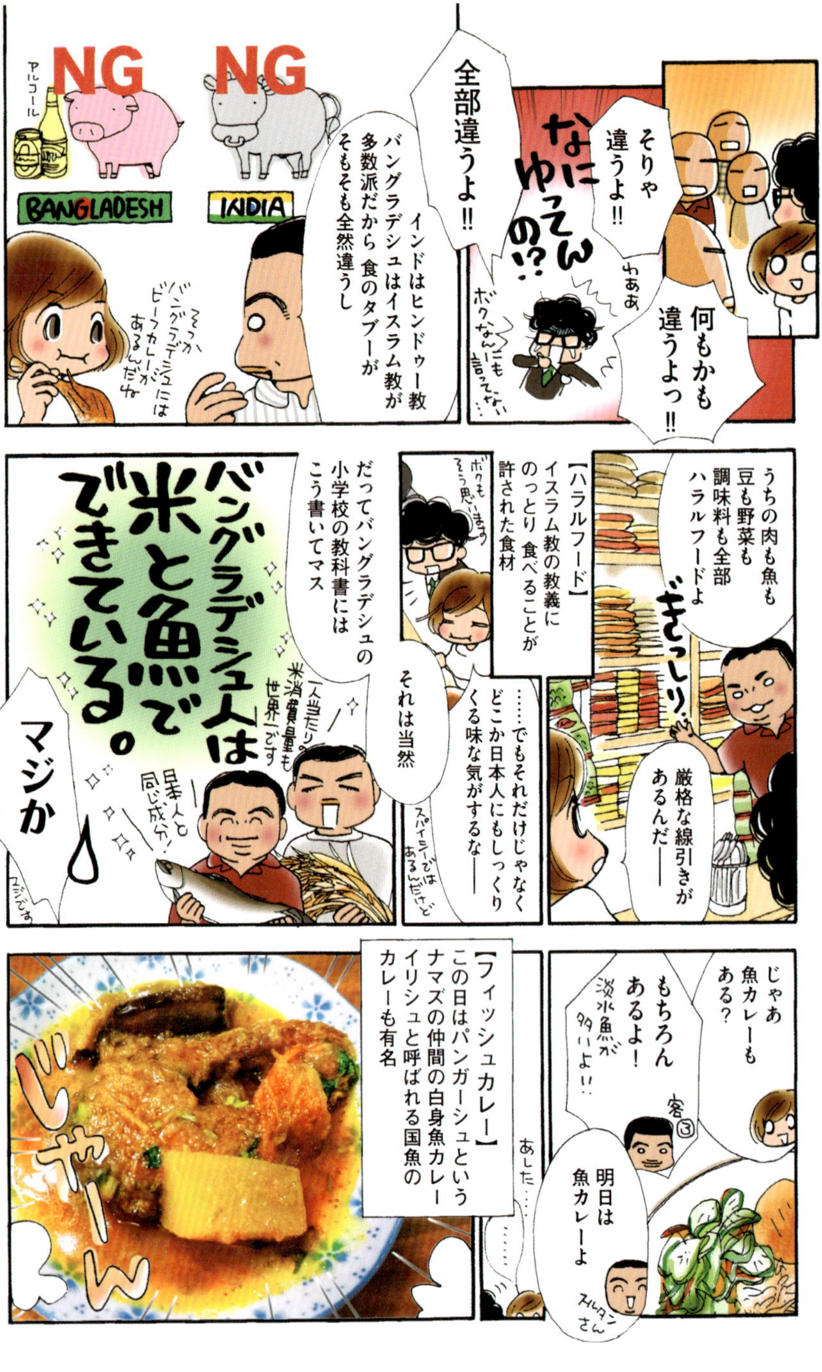
そりゃ違うよ!!
なにやってんの!?
何もかも違うよっ!!
わぁぁ
ボクなーにも言ってない…
全部違うよ!!
インドはヒンドゥー教 バングラデシュはイスラム教が多数派だから 食のタブーがそもそも全然違うし
NG
NG
アルコール
BANGLADESH
INDIA
そっか バングラデシュにはビーフカレーがあるんだね
うちの肉も魚も豆も野菜も調味料も全部ハラルフードよ
ぎっしり
厳格な線引きがあるんだ――
【ハラルフード】イスラム教の教義にのっとり 食べることが許された食材
ボクもそう思います
……でもそれだけじゃなく どこか日本人にもしっくりくる味な気がするな――
スパイシーではあるんだけど
それは当然
だってバングラデシュの小学校の教科書にはこう書いてマス
バングラデシュ人は米と魚でできている。
一人当たりの米消費量も世界一です
日本人と同じ成分!
マジか
マジです
じゃあ魚カレーもある?
もちろんあるよ!
淡水魚が多いよ!!
客③
明日は魚カレーよ
スルタンさん
あした……
……
【フィッシュカレー】この日はパンガーシュというナマズの仲間の白身魚カレー イリシュと呼ばれる国魚のカレーも有名
じゃーん

結局
2日連続で
来てしまった……
【ビーフカレー】
【豆スープ】
【ボッタ】
野菜をマッシュしたおかずの総称
この日はブロッコリーと赤豆のボッタ
まずは白いごはんだけで食べてみて
ずいぶん小粒の長粒米……だけど香りがすごい！
ふわあ～
「チニグラライス」
バングラデシュのコシヒカリ的ブランドね
――このアロマライスに魚のうまみ凝縮カレーをまぜまぜすると……
シャバシャバ
そりゃ
おいしいよね――
よかったよかった
ボッタと豆スープとビーフカレーは混ぜて食べて！おいしくなるから
このごはん軽いからスルスル入っちゃうよ～～
困る
なんで日本は魚カレー作らないの？
でも魚カレーは混ぜちゃダメ！合わないから
バングラデシュのごはん食べたら元気になるよ
ぱかっ
だからスルタンさん毎日元気！
ジャー
お…おかわり！
するしかないよね！
バングラデシュ料理を食べ知世はまた一つ真実をつかんだ
バングラデシュ人と日本人
体は米と魚
血はカレーでできている
もり
ガラッ
あ
手で食べてる…
もり
元気を出したい勝負メシにはここ一番の地元メシ

世界メシ
その15
シンガポール
[エビス新東記]
恵比寿
冬といえば……
ヒュルルルル
……冬といえば?
知世《ちせ》(28)
やっぱカニよね!
タラバとかズワイとか毛ガニとか上海とか
正確にはタラバはヤドカリの仲間ですけどね
米田《よねだ》(26)
……
そもそも冬にカニってイメージも古いっていうか陳腐っていうか
花咲《ハナサキ》ガニは夏 毛ガニなんて通年旬なカニですし
フウ…
冬にしかカニの出番がないならそもそも常夏のシンガポールにカニ料理があるわけないですし
え!! ここでカニ食べられるの?
シンガポール人もカニは大好きよ
だったら名物のチリクラブは絶対食べておかないとね
エビス新東記店主 パトリシア・チア

ゴージャス〜〜〜
いわば エビチリのカニver.ね
【チリクラブ】
巨大なハサミを持つスリランカクラブにトマト・チリ・卵・酢で作ったグレービーソースをかけたシンガポール名物
カニ爪デカい！
手の平サイズだよ〜〜〜
ずっしり…
ソースでベタベタだけど…
……手づかみ？
当然！
キリッ
手は汚れまくるけど気にしたら負けですよ 知世さん
どーん…
……よーし!!
ぱくっ…
じゅわわわわわわわ
！
むむむ
すっごい歯ごたえ
わしわしわしわし
ぷりぷり肉厚！
そしてそして……
ほじほじ
カニの旨《うま》みと……
ソースの甘酸《あまず》っぱさと……
卵のまろやかさがからみまくって……
シンガポールのクラブ活動…
ソースまみれで
最高
ボッ
ボクのカニ…!!
こちらのマントウ（饅頭）をソースにつけて食べてみて
もっちり…
こってりソースとふわふわマントウ合いますね！
蒸マントウ
揚マントウ
私は今忙しいのっ
ほじほじ
炭水化物ラバーとしてはむしろカニ本体よりもウエルカニ♡みたいな
…ってもうボクのぶんまで手つけちゃってるし…（涙）

こってりのあとはさっぱりも食べたいなー
手も洗ってサッパリ
【海南鶏飯《ハイナンジーファン》】
丸ごとゆでた若鶏とゆで汁のスープで炊いたジャスミンライスのシンガポール版チキンライス
じゃあさっぱりしてますが旨みたっぷりのこちらを
しっとり
チキンライスの店はシンガポールには東京のコンビニ並みにあるんですよ
チリソース ジンジャーソース ダークソイソースをつけてどうぞ
まさに国民食ですよね
海南鶏飯の海南て？
海南鶏飯の原型
文昌鶏
中国海南島の出身者がシンガポールに移住してきたとき故郷で食べていたものを広めた料理だから海南鶏飯なんです
海南島
シンガポール
逆に海南島には海南鶏飯という名前の料理はないの
天津に天津飯も天津甘栗もないのと同じね
ウメ うま〜!!
同じく中国福建から渡ってきた労働者が持ち込んだと言われているのがこちら
【バクテ（肉骨茶）】
漢方スパイスでじっくり煮込んだスペアリブのスープ
国民的スタミナ料理
おおっ
身体にみなぎる薬膳感……!
ホロ
ホロ
ごはんにもメチャ合います
ホロホロトロトロにくずれる豚バラもたまりません——
けど……これは家庭で作るの大変そう
てかムリ…
高級な味しますよね
大丈夫!
シンガポール人は基本一日3食外食だから

そうなんですか!?
だって
安くておいしくてすぐ食べられる屋台街《ホーカーセンター》やレストランがどこにでもあるから
家で作る必要ないでしょ
合理的〜〜〜
シンガポールは多民族国家
中国系が多数派だから
食文化も中華ベース
ではあるんですが
客家
肉骨茶《バクテ》
醸豆腐《ヨントーフ》
インド系
フィッシュヘッドカレー
ロティ・プラタ
マレー系
サテ
ナシゴレン
中国系
プラナカン
マレー半島に移住し現地女性と結婚して生まれた中国系移民の子孫
ラクサ
クエパイティ
マレー系やインド系
その他さまざまな食文化のいいところをどんどん取り入れフュージョンさせたものがシンガポールの味といえるかもしれませんね
ニョニャ=女性
こちらもそんなプラナカンが広めた代表的なニョニャ料理
やーん いい香り〜
【ラクサ】
エビからとっただしをベースにココナッツミルクとチリペーストで仕上げた具だくさんのピリ辛麺
まろやかさとピリ辛が絶妙にとけあって これはクセになる〜〜〜……
シンガポール料理を食べ知世はまた一つ真実をつかんだ
おいしさのいいとこどりね シンガポール♡
字あまり
カラッ
カラ
それにつけてもカニのほしさよ……
食はハイブリッドされて進化する

世界メシ
その16
チュニジア
[ハンニバル]
大久保
チュニジアでの思い出といえば やはり『スター・ウォーズ』の ロケ地ですね
アナキンとルークの故郷の星タトゥイーン
米田《よねだ》(26)
うっとり…
サハラ砂漠に穴を掘って作った家がとてもエキゾチックで初めて見た時は涙が
フォースは？
…えっ
SW《スター・ウォーズ》ファンの聖地に行ってきたんでしょ？
フォース覚醒《かくせい》した？
知世《ちせ》(28)
わくわく
いやいや 私のようなヒヨっ子にはとても
アハハハ
だよねー
でもチュニジアって北アフリカで砂漠もあるけどイタリアの目と鼻の先なんだねー
TUNISIA
じじ〜っ
私にライトセーバーがあれば…
知らなかった—
昔は「ローマの穀物倉庫」と呼ばれてたくらいだからネ
先住民ベルベル人の料理をベースにイタリアやギリシャの地中海文化イスラムやフランスもミックスされてて
食文化もモザイクなんですよ
ハンニバル店主 ジェリビ・モンデール

そういうとこって
ごはんがおいしいん♥
ですよね——
もちろん! 中でも
チュニジア人の
ソウルフードと
いったらコレ
【ブリック】
卵・じゃがいも・ツナ・パルメザンチーズ等を薄皮で包み揚げにしたチュニジア版春巻き
パリッ
パリッ
おいしそ〜〜
いただきま——す
ノンノン
ナイフ入れちゃダメ——!
うっっ
ブリックは
具を置いた皮の上に
直接生卵を落として
包んで揚げてるのネ
チュニジアでは
ツナ&ポテトが
基本具材
ココ
中の卵が半熟だから
こぼさないように手で
持って食べるのが基本
パリッ
折り目の部分から
すすりこむように
食べるのがツウ(だとか)
きれいに食べないとヨメにいけない(らしい)
はみっ
んんんん〜〜
とろっ
とろ〜
う…うまあっっ……
とろとろ半熟卵が
ポテトとツナと
香ばしい皮にからまって
黄身に胸キュン♥
な…なるほど
ああっ
黄身が!!
ボタボタボタ
んも——っ
ダメじゃな——い
はむはむはむ
パリパリパリ

こんなところに半熟卵メニューを愛する国があったなんて
これはもうチュニジア春巻きのたまごかけごはん！
とろー。
だれっっ
で……でもここまでのクリスピー感は春巻きの皮にはないような……
日本語がいろいろヘンですよ…
サクサク
パリパリ
ブリックの生地は「マルスーカ」といってセモリナ粉とオリーブオイルで薄〜く作られてるんです
ぺらっ
フランスではパート・ブリックと呼ばれてます！
【サラダ・メシュイ】オリーブオイルで和《あ》えた焼き野菜のペーストサラダ
ハリッサ
唐辛子ベースにスパイスとオリーブオイルをミックスしたペースト調味料
ハリッサといっしょにタブーナにつけるとおいしいヨ〜
野菜の甘みぎっちぎちで……これはワインに合う！
タブーナ
デュラムセモリナとオリーブオイルで焼いたチュニジアの伝統的なもちもちパン
【クスクス】紀元前にベルベル人によって作り出された世界最小の粒パスタ
これは白身魚のクスクス
ガーリック
クミン
キャラウェイ
コリアンダー
でしたらこちらをどうぞ！
何か他の料理にもつけてみたいね
このハリッサもただピリ辛なだけじゃなくスパイスの奥ゆきとコクがいい仕事してます
もちもち

ふっくら…
パスタとはいえやっぱこの形状は「ごはん」だよね——
でも「ごはん」と違うのはこの弾力！
ぷちぷち
ぎゅむぎゅむ
そっか！
クスクスもブリックもタブーナも全部セモリナ粉なんだ
きゅむきゅむ
DURUM デュラム小麦
SEMOLINA 粗挽き
通常の小麦種より硬質なデュラム小麦を粗挽きすることによりグルテンが多くコシのある粉ができるんですよ
それがこの国でバリエーション豊かな食感のメニューに生まれ変わったわけだ
アフリカにあってヨーロッパに面し地中海とサハラ砂漠を抱く国
デュラムセモリナの奏でるチュニジア料理のオノマトペは
パリパリパリ
キュイキュイ
ぷちぷち
ぎゅむぎゅむ
サクサクサクサク
もっちりもちもち
おいしさのモザイク絵画
チュニジア料理を食べ知世はまた一つ真実をつかんだ
メラメラ…
半熟女
日本でブリックの屋台を出したら絶対売れる！
フォースのあきんど面が覚醒した……！
キャー
おいしいものを食べると人は不思議な力がわいてくる

出会い…別れ……そして再出発
米田《よねだ》(26)
米好きの私ですが人生の岐路《きろ》に立った時食べたくなるもの……それは
肉!
肉のプリミティブなパワーこそが今の私のセンチメンタルな気分に添――
キャー!
ステキー!
知世《ちせ》(28)
ルーフトップテラスから渋谷が一望!
ティピもある〜
このお店でスペシャルなお肉が食べられるのね?
そう!
本日はパンパではなくこの東京砂漠でアサードを食らうのです!
パンパ?
アサード?
世界メシ
その17
アルゼンチン
[コスタ・ラティーナ]
神泉
COSTA LATIN
コスタ・ラティーナ店主
前浜《まえはま》ディエゴ
パンパはアルゼンチンに広がる大草原のこと
アサードはアルゼンチンのカウボーイ ガウチョたちがパンパで野生の牛の肉を焼いて食べていたスタイルがルーツなんです
ガウチョ▼

【アサード】牛肉やチョリソ等を岩塩とコショウのみでじっくりと焼き上げるアルゼンチン式BBQ
じゅわ
じゅわ
じゅわ
じゅわ
おー
わー
アルゼンチン人は「主食が肉」って言われるぐらい肉が大好き！
だいたいどこの家にもこのアサード用の窯《かま》があるんですよ
そしてもちろんおいしい肉を焼きもてなすのは男の仕事
…むむむ
シャキーン
ディエゴさんかっこいい——
焼きかたの極意は……？
ヒソヒソ
う～ん それは…企業ヒミツ…だけど
セニョールにだけ特別よ～～
コレね
え
ハンドパワー…？
窯のコンディションは季節や時間帯その日の気温や天気によっても全然違ってくるんです
だから僕は炭火に手をかざしてその熱さの感覚で網の位置や焼き時間を決めてます
ワイルドでいて超繊細……
肉《にく》いじゃないかアルゼンチン男子
メラメラ
おなかすいちゃった
肉《メイン》が焼けるまで席で前菜をどうぞ
【エンパナーダ】塩とスパイスで味付けした牛ひき肉をパイ生地で包み揚げにしたスナック チキンver.も有
さくっ
さく

うん♥
スパイシーでさく旨《うま》〜〜〜
揚げ餃子系スナックはどの国も裏切りませんね
インドのサモサしかり
モンゴルのホーショールしかり
さくさく
お待たせしました！自家製チョリソとモルシーリャ（豚の血の腸詰め）です
モルシーリャすっごく風味を感じるね——
豚バラもチキンもパリッパリでジューシー——
ん——！
じわぁ…
うまうま〜
時間をかけ強火の遠火でじっくりあぶり焼きにしてるからこそこのしっとり感なんですね
じゅあ〜
こちらのソースをつけてもおいしいですよ
【チミチュリ】ハーブ・にんにく・ワインビネガー・オリーブオイルをミックスしたアルゼンチンの万能ソース
【セビチェ】ラテンアメリカ名物のシーフードマリネ
この日はイカと貝柱と玉ねぎのマリネ
さっぱりのはし休め♡
1時間半経過……
はー！
ドトーの肉ラッシュでした……
しあわせ……
てり…てり
アサードの大本命はこれからですよ！
人口より牛が多いアルゼンチンにとって肉といえばコレ！
牛肉
じゅう…
じゅ…

コスティーヤ（骨付きショートリブ）です
ジャー
アバラ肉ブラボー――
ん
みしっ
このしっかりとしたかみごたえ……
骨と筋肉からにじみ出る旨み……
みし…
みし…
みし…
みっ
み、
かみしめるたび狩りをしていた頃の祖先の血が呼びさまされていくような……
肉
私の心にジャストMEAT！
ところで米田くんセンチメンタルがどうしたって？
あ
むちむち
いや……このワイルドなお肉食べたらそんな気持ちふっとびました
そう？
……私も確かにこの肉にはたぎるものを感じるよ
知世さん…
アルゼンチン料理を食べ知世はまた一つ真実をつかんだ
歩いたところが道になる
迷ったときは肉を食え！
これからもついてゆきます！
老若男女血わき肉おどるアサードの夜

世界メシ
その18
イギリス
[アルズカフェ]
高田馬場
※閉店しました

世界で最も不幸な男とは
いわく
アメリカ人を妻に持ち
HA!HA!HA!
日本のウサギ小屋に住み
ちんまり
イギリス料理を食べながら
中国人の給料をもらう
ちゃりーん ちゃりーん
…へ〜〜〜〜

イギリス料理って
知世《ちせ》(28)
まずいの?
米田《よねだ》(26)

なっ
何言ってんスか知世さん
イギリス料理店に来てそんな
だってイギリス料理でググったら検索候補が
まずい
まずい　理由
まずい　なぜ
まずい　歴史
おいしくない
ネット情報をうのみにするのは情弱のすることです
だって当のイギリス人がまず
わぁぁ
まずいって言ってる人は本当のイギリス料理を食べたことがないんだと思いますよ
アルズカフェ店主
貴子ゴールディング
yes! Indeed!
アルズカフェ店主
アランゴールディング
ですよね！フィッシュ&チップスとかおいしいし
じゅわわ〜
うーん
でも家庭だと揚げ物ってほとんど作りませんねー
一番多いのはオーブンを使ったパイ料理かな
どうぞシェパッツパイです

【シェパッツパイ】
ほくほく〜
焼き目がユニオンジャック柄
かわいい♡
小麦粉とバターで作るパイ生地じゃなくマッシュポテトをのせてるんですね
ハフッハフッ
フーフー
肉と野菜の旨みをつめこんでじっくり煮込んだミートソースに
バターが香るしっくりクリーミーなマッシュポテト
ハフッ
エボニー&アイボリーな2層のおいしさが1つに溶けあったとき

誰!?
イギリス料理がまずいとか言ったのは!!
あなたですよ
うん
素朴ですが実にうまいです
日本はガスレンジですがイギリスはガスオーブンが基本
腎臓のパイ
キドニーパイ
モリアーティ教授の好物
ステーキ&ギネスパイ
ギネスビールで煮込んだシチューのパイ
冷たい状態で食べるパイ
ポークパイ
サケやタラ入り
フィッシャーマンズパイ
シェパーズパイの漁師ver.
牛、豚、羊、内臓、魚介あらゆる種類のパイを楽しんでいるんですよ
【コーニッシュパスティ】
むっちり

さくさくパイ生地に
ぎっちりつまった
肉とポテト♡
じゅっ
こっちのパイも
たまら〜ん
パイじゃなく
パスティね
ココ大事！
コーニッシュパスティは
コーンウォール地方の鉱山で
働いていた人々が愛した郷土料理
鉱夫たちの冷えた体を温め
汚れた手でも食べやすく
厳しい労働に耐えられるよう
栄養もボリュームもたっぷり
コーンウォール版
おにぎりですね
鉱夫に鉱脈を教えてくれる妖精
「ノッカー」
手で持って
汚れたフチの部分は
鉱山に住む妖精の
ためにに捨ててたとか
でももちろん私はフチまで食べます
英国っぽーい
さくさく
しかし
さすが
労働者の食事
どっちもすごい
ガッツリ系です
ふ〜…
プフッ
なにいってんの
これからが
お楽しみの
ベツバラだよ！

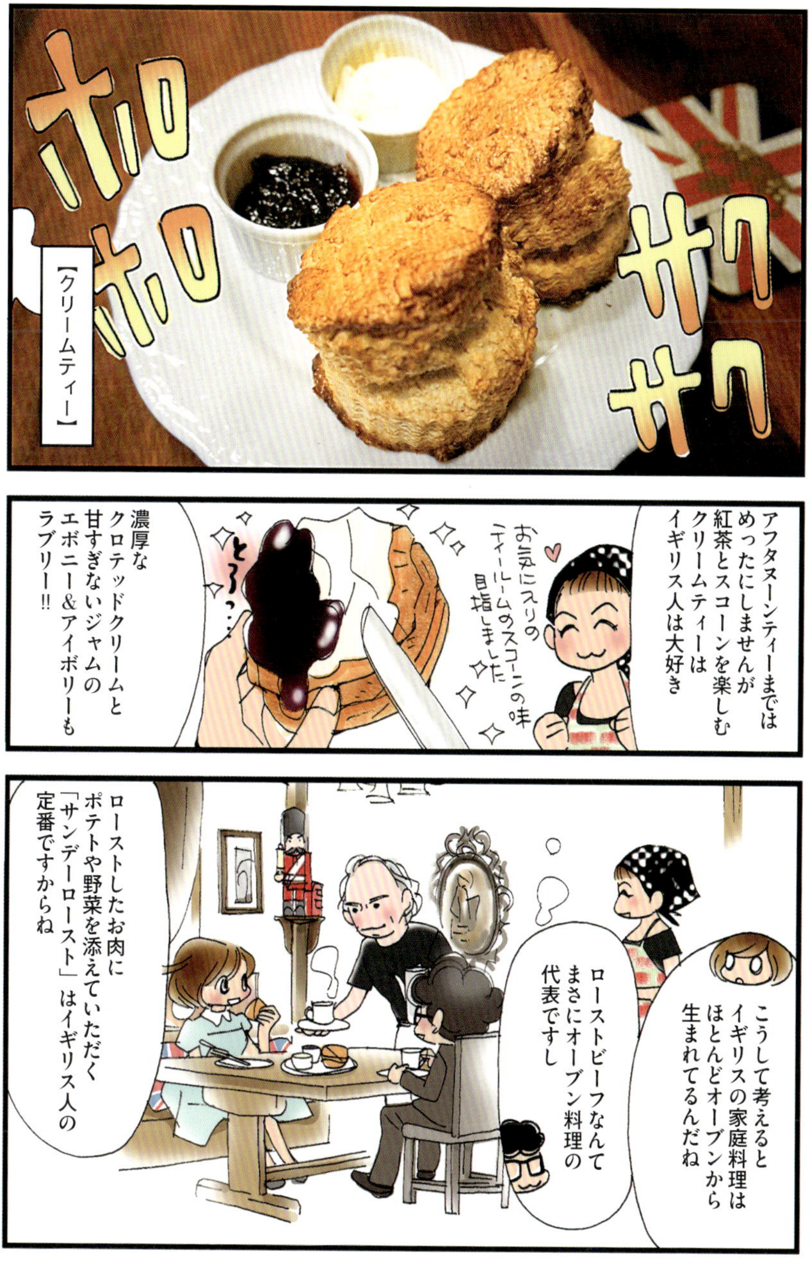
サクサク
ホロホロ
【クリームティー】
アフタヌーンティーまではめったにしませんが紅茶とスコーンを楽しむクリームティーはイギリス人は大好き
お気に入りのティールームのスコーンの味目指しました
とろ〜っ…
濃厚なクロテッドクリームと甘すぎないジャムのエボニー&アイボリーもラブリー!!
こうして考えるとイギリスの家庭料理はほとんどオーブンから生まれてるんだね
ローストビーフなんてまさにオーブン料理の代表ですし
ローストしたお肉にポテトや野菜を添えていただく「サンデーロースト」はイギリス人の定番ですからね

お肉も野菜もスープも
ヨークシャープディングも
フルコース全部
オーブンにお任せ！
合理的！
思い込みを捨て
心をオープンにすれば
イギリス料理の
おいしさが見えてくる
オープンジ オーブン！
オーブン ユア ハート♡
イギリス料理を食べ
知世はまた一つ真実をつかんだ
幸福な男とは
おいしい
イギリス料理を食べ
やさしい日本人女性を
妻にすること！
お腹いっパイの幸せ
そこはゆずれないんだ…

イギリス編+《PLUS》
クロテッドクリーム
のないクリームティーなんて
ところでアルズカフェで食べた「クロテッドクリーム」って
つまり何?
ひとことでいえば……
もぐもぐ
バターよりあっさり 生クリームより濃厚 両方のいいとこどりクリームですね
英国人の喫茶スタイルのひとつ「クリームティー」には欠かせません
CREAM TEA
基本は紅茶とスコーンのセット これにサンドイッチやケーキなどのアイテムを増やしたものがアフタヌーンティーです
ちなみにクロテッドクリームの二大名産地ではクリームを先にのせるかジャムを先にのせるかで熱い論争があるのだとか……
ツイッターのタグにまで…
コーンウォール地方式
jamfirst
デヴォン地方式
creamfirst
本場のクリームティーはいつも熱々だね!

世界メシ
その19
マレーシア
[馬来風光美食《まらいふうこうびしょく》]
荻窪
マレーシアには
米田《よねだ》(26)
世界中からグルマンが集まるイポーという美食の街があるんですよ
ふっふっふ
美食の街!
ピクッ
知世《ちせ》(28)
もともとは鉱山の町なんですが独特のカルスト台地のおかげで昔からミネラルたっぷりのきれいな水が湧いているんです
旨
イポー名物もやし料理とイポー美人
水がおいしいと食べものがおいしくなるのは世界共通

さらに！
おいしい水を飲み
おいしいものを食べて
育った人の料理がおいしく
なるのもまた必然
ニヨ
ニヨ
馬来風光美食《まらいふうこうびしょく》
店主 エレン
私の作るマレーシア料理は
イポーでお店をやってた
ママの味ね♡
マレーシアはマレー系 中国系、インド系からなる多民族国家
中国人男性＆マレー人女性との子孫ババニョニャたちも含め さまざまな文化や食習慣が共存してるんです
じゃあ当然マレーシア料理も
ゴクリ…
いいとこのミックスね
ゴメンナサーイっっ
そこにはうちのメニュー全部は書いてないのー
相談してもらえればいろいろ出しマスよー
ではさっそく米田セレクトなマレーシア料理を……
じゃあエレンさんのおまかせで！
ニコッ そうなの
ハーーイ
まかされましたー

まずはペーパチキンでーす♡
ゴロン
ん？
これは……
なになに？
開いてみて
あちち…
なんだろなんだろ
プリ
プリ
じゅわわ～ッ
【ペーパーチキン】
わあーっ
中国しょうゆやケチャップマニスを合わせた甘辛ダレに鶏むね肉を漬けクッキングペーパーで包んで揚げてるの
タレがもれないよう固く巻き込む
ぎゅっ
じゅう～
初めて食べるお料理だ
いただきまーす

しみしみ
ホロホロ〜〜〜
おー！！
紙に包まれているがゆえに
旨みがギュギュッと
閉じこめられてて…
これぞまさに
紙がかりチキン！
コーーッ
照り焼きテイストに
いい案配にショウガが
効いてます
わし
おコメがほしい♡
ビールがほしい♡
わし
ふふふ
紙にひっついた
パリパリコゲコゲ
したとこも
おいしーよ♡
わし
お次はインド系の
マレーシア料理ですヨー
【フィッシュヘッドカレー】
どどどど
どーん

まんまやで…
魚《フィッシュ》の頭《ヘッド》
…こっち見てます…？
見てる…カモ
まるっ…
これやっぱ辛いやつ…ですよね
ニコニコ
大丈夫大丈夫ぅ
ナシレマともすっごく合うよー出そうかー？
ココナッツミルクで炊いたごはん
――辛くない
…お？
――いや辛いんだけど酸っぱ辛さが勝っててゴクゴクいける…！
フィッシュヘッドカレーはココナッツミルクのまろやかさとタマリンドの甘酸っぱさがポイントね
レモングラスやブラチャンもいい仕事してるよ
くさいけど旨い
ブラチャン
小エビを発酵させたペースト状の調味料
くたくたナス
ビッグなオクラ
ぷりぷりエビ
目玉のまわりや脳天に身のつまった鯛
マレーシアならではの調味料が鯛の頭から出たウマウマのダシとからんで…
マレー版カレー味あら汁って感じです
うめー♡

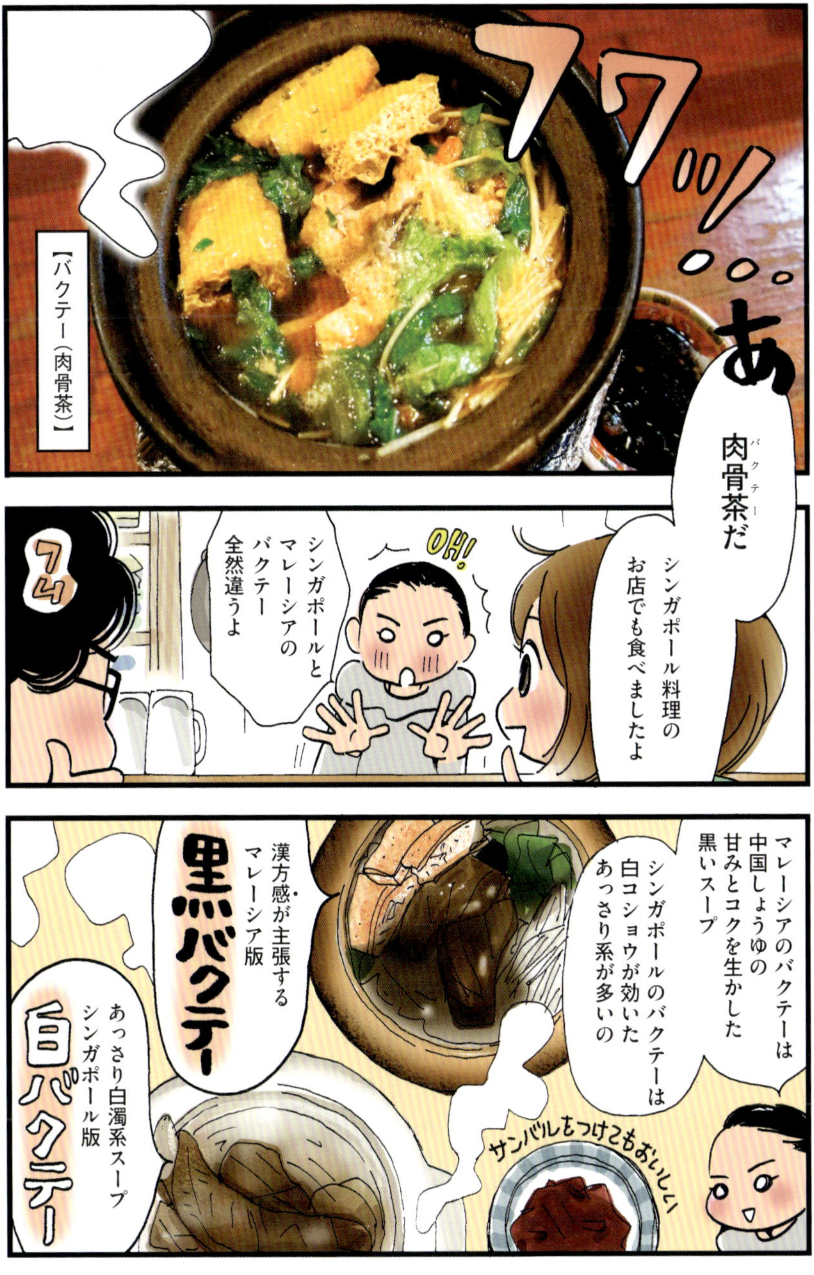
ブワッ
あ
肉骨茶《バクテー》だ
【バクテー（肉骨茶）】
シンガポール料理のお店でも食べましたよ
OH!
シンガポールとマレーシアのバクテー全然違うよ
フム
マレーシアのバクテーは中国しょうゆの甘みとコクを生かした黒いスープ
シンガポールのバクテーは白コショウが効いたあっさり系が多いの
漢方感が主張するマレーシア版
黒バクテー
あっさり白濁系スープシンガポール版
白バクテー
サンバルもつけてもおいしい

まさかの!バクテー
黒白対決!?
わかった!
私が白黒ハッキリ決着をつけましょう
いやいやいや
なんで知世さんが舌を…いや口をはさんでるんですか
国際問題っスよ!
どうぞ召し上がれ――
ふわぁ~
ホロッホロのスペアリブにひたひたにしみた薬膳スープ
にんにく・シナモン・八角
クローブ・ナツメ・クコの実
当帰の香りもぐいぐい感じる
絶妙にミックスされたスパイスや生薬をまとめているのがたまりじょうゆのように濃厚な中国しょうゆ
体の中がどんどんキレイになってくような……
カッ
これは…!

結論
どっちも違って
どっちもいい!!
黒と白
おいしいです
プハー…!
よかった
なんだそりゃ
バクテーだもの
バクテーは
それこそお店の数だけ
秘伝の調合があるんです
いろいろな文化や背景を持つ
人々が集まりミックスされ
競い合ってきたからこその
おいしさなんですね
私も母と
ここに集まって
くれるお客さんの
おかげで今が
あるのよ
このお店が
マレーシア
そのもの
なんだね
マレーシア料理を食べ
知世はまた一つ真実をつかんだ
美食《おいしいごはん》が
美人を作る
キリッ
男はイケメンには
ならないのかな…
美味しさと美しさには
きっと白黒つけられない

世界メシ
その20
トーゴ
［エコ・ロロニョン］
赤坂

トーゴ
知《ち》世《せ》(28)
ドコ?!

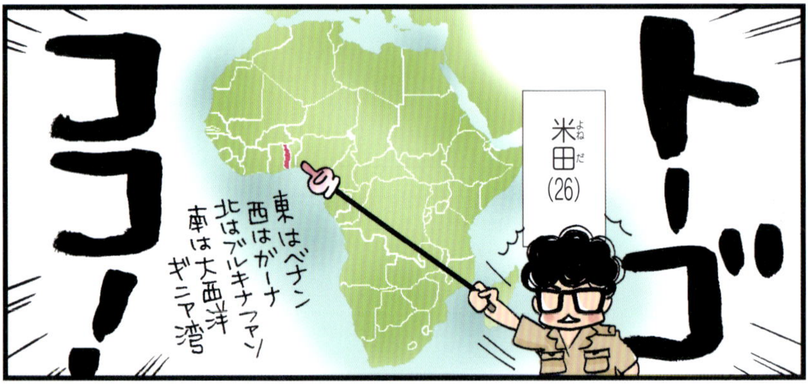
トーゴ
米《よね》田《だ》(26)
東はベナン
西はガーナ
北はブルキナファソ
南は大西洋ギニア湾
ココ!

――って
ベタな会話に
つきあわせないで
くださいっ
ブルキナファソの
レストランは
前に行ったね！
「トー」っていう
トウモロコシの
お餅がおいしかった
恥ずかしいっ
壁に飾られてる
布《バティック》の絵が餅つき
みたいだけど
なんだろ？
それは「フフ」
ヤムイモのお餅ネ
エコ・ロロニョン店主
エドモンド・カマロ
由加里・カマロ
蒸したヤムイモを
日本のお餅と同じように
杵と臼でついて作るんです
看板BOY
ヒデくん♡
トーゴのレストランでは
オーダーが入ってから作り
始めるのでいつでもつきたて
フフが食べられるんですよ
じぃぃ…
かわいい…
食べてみたーい♡
ヒデくんのほっぺ
みたいな感じかな～

ぽわん…
【フフ】
【アジンデシ】
アジンデシとフフです
まずはフフだけで
トーゴ流に手で…
ぽよん
ふにょん
やわ
ほの甘♡……
ほーやわ
すあまをもっとやわらかくしたような
これにラム肉ゴロゴロのアジンデシをたっぷりつけて
とろり
ちょっぴりスパイシーで
ピーナッツペーストのコクと甘みを感じるスープが

おいひぃ〜
フフフフ
トーゴ版
とろとろカレー
って感じ
ご飯にも
合いそうです
ノンノン
キリッ
アジンデシ
にはフフ!!
これ絶対
ちっちっ
え
ええっ
そーなん
です——
トーゴの人たちは
料理と主食の組み合わせに
すごくこだわりがあって
このスープにはコレ
この煮込みにはコレ
って決まってるんですよ
ヤムイモ
ヤマイモの仲間
フフ
キャッサバ
ガリ
ピノ
トウモロコシ粉
アボロ
アクメ
うんうん
主食の種類も
多いんだ——

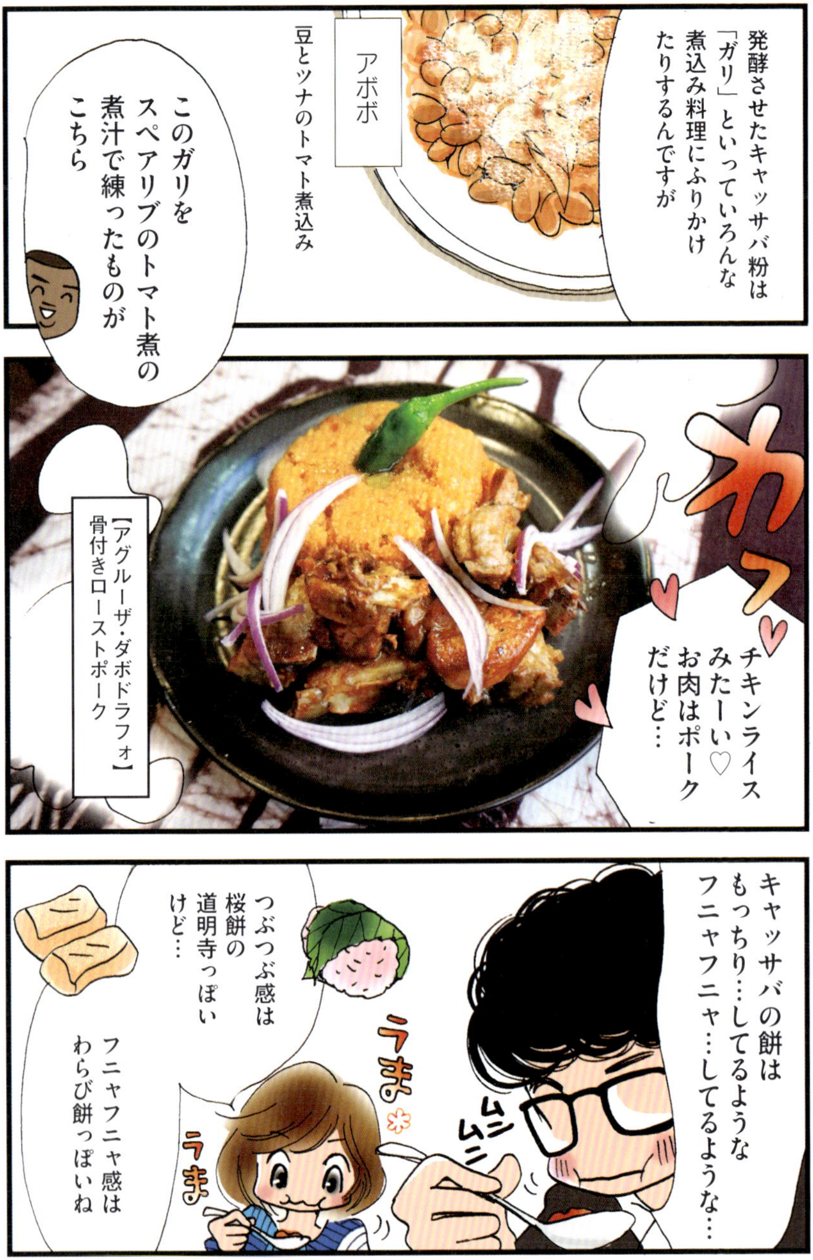

発酵させたキャッサバ粉は「ガリ」といっていろんな煮込み料理にふりかけたりするんですが
アボボ
豆とツナのトマト煮込み
このガリをスペアリブのトマト煮の煮汁で練ったものがこちら
カプ
チキンライスみたーい♡
お肉はポークだけど…
【アグルーザ・ダボドラフォ】
骨付きローストポーク
キャッサバの餅はもっちり…してるようなフニャフニャ…してるような…
ムシムシ
うま
うま
つぶつぶ感は桜餅の道明寺っぽいけど…
フニャフニャ感はわらび餅っぽいね

今のわらび餅はサツマイモやキャッサバのでんぷんで作られていることが多いからあながち間違いでもないかもです
本物のわらび粉は高価ですしね…
ちなみにキャッサバはタピオカの原料でもある
トーゴは昔ドイツ領だったこともあって小麦パンもおいしいんですが
もちビールとソーセージも♡
トーゴのトラディショナルなパンといえばこのトウモロコシ粉の蒸しパン「アボロ」
ボマニャニャにはこのアボロが必須です
ほわ
【ボマニャニャ】魚介グリルにグシスープをたっぷりかけた一品
【アボロ】
ほわ…

まっさきに
カニの旨みが
グイグイきて
最後はやっぱり
カニの濃厚さに
やみつき……♡
これが
おいしさの
メカニズム！
エビと魚と
とろとろホウレン草が
脇で支えて
くーーっ
ボマニャニャの
スープに欠かせない
名脇役が「グシ」です
グシ
いわゆる「エグシ」と呼ばれる
ウリ科の種
グシの
独特の苦みが
味に奥行きを与えて
るんだーー
これも
ご飯に合う
……
ボマニャニャ
にはアボロ！

ちなみに店名のロロニョンは現地のミナ語で「すばらしい愛」ってイミです
Life is beautiful
ケプ
その愛しかとお腹で受けとめました
素材の旨みとコクがしみわたる一皿と
それをやさしく受けとめるバリエーション豊かな主食たち
これぞトーゴの理想のマリアージュ
トーゴ料理を食べ知世はまた一つ真実をつかんだ
うっとり…
おいしいマリアージュは愛から生まれる
おいしいトーゴここにあり
ボクのロロニョンはどこ…!

世界メシ
その21
ブルガリア
［ソフィア］
八重洲
※移転しました
現店舗名
［ブルガリアンダイニング
トロヤン］
銀座
日本の夏は
…
じめ
米《よね》田《だ》(26)
じめじめじめ
じめ
暑い……
そしてこの人は
米田くん
外回りお疲れサマー
知《ち》世《せ》(28)
ごはん
食べにいこー!
ぐい
ぐい
ぐい
ぐい
圧がすごい……

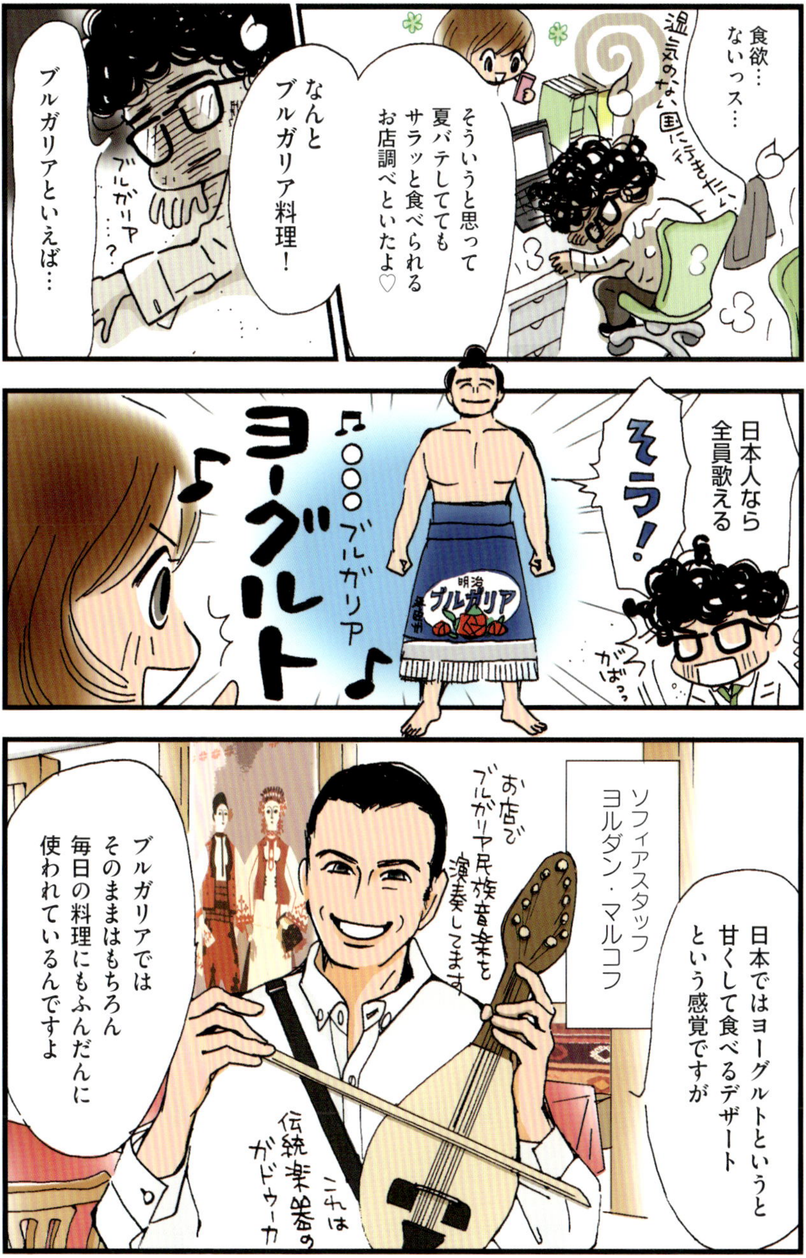
食欲…ないっス…
湿気のない国に行きたい
そういうと思って夏バテしててもサラッと食べられるお店調べといたよ♡
なんとブルガリア料理！
ブルガリア…？
ブルガリアといえば…
日本人なら全員歌える
そう！
がばっ
♫○○○ブルガリアヨーグルト♪
明治ブルガリア
日本ではヨーグルトというと甘くして食べるデザートという感覚ですが
ソフィアスタッフ ヨルダン・マルコフ
お店でブルガリア民族音楽を演奏してます
これは伝統楽器のガドゥーカ
ブルガリアではそのままはもちろん毎日の料理にもふんだんに使われているんですよ

キリッ
【タラトル】
食欲のない時にはコレ！ヨーグルトときゅうりの冷たいスープ「タラトル」です
えーー…
塩味のヨーグルトって〜
まあまあ
いただきまーす
ごーく
……
ごーく
ごーく
ごーく
しゃかしゃかしゃか
ごーく
ヨーグルトのやさしい酸味が疲れた胃にするするしみわたって……
すっきりさわやか!!
おおっ
米田くんがキレイに!!

ブルガリアの夏も日本と同じようにとっても暑い
僕も夏の間は毎日のようにこのスープ飲んでます
ピカ
一気に生き返った気分です
ピカ
まさにマイナス5歳スープ!
次は同じくヨーグルトで作ったサラダ
【スネジャンカ】
別名「白雪姫のサラダ」です
かわいい♡
お
スノーホワイトちゃん
こっちのヨーグルトはクリームチーズみたい!
おいし♡

ほんとだ
すっごくコクがありますね
水切りしたヨーグルトにきゅうりとクルミを和えてるんです
味つけは塩とオリーブオイル
風味づけにおろしにんにくとディル…
ん？
はァァ。
タラトルとスネジャンカってほぼ同じ材料では
仕上がりが違うだけ!?
スネジャンカ≒タラトル
水を加えてさっぱり
水を切ってこってり
Yogurt
Yogurt
夏仕様
冬仕様
タラトルは夏スネジャンカは冬食べることが多いですね
実はそうなんです
中身が同じでも味の印象と食感は別モノですね
どっちも違ってどっちもいい！
健康的な夏のお嬢さんがしっとり大人っぽい白雪姫にキャラ変…
おそるべし
2つの顔を持つ女ヨーグルト

さらには
パン生地に練りこんだり肉料理のソースとして使われたり
【アイリヤン】
ヨーグルトを水で薄めた飲みもの
おおっ
まだいろんな顔があるんだー!
【キュフテ】
ハーブをきかせたブルガリア風ミートボール
【ムサカ】
バルカン半島一帯で食べられているひき肉と野菜の重ね焼きじゃがいもを使うのがブルガリア流
植物性乳酸菌
ぬか漬
味噌
醤油
動物性乳酸菌
ヨーグルト
チーズ
利用範囲の広さはお豆腐に似てますが
日本でいうなら醤油や味噌的存在ですね
腸を整え美肌を作るヨーグルト
スワッ
まさに

ヨーグルト食は
美と健康の菌メダリスト
ワー
ワー
ワー
ワー
どうしても言いたかったんだね……
なんだかヨーグルト以外のものも食べられそうです
お肉がいいな～
でしたらブルガリアの国民食煮込みオーブン料理のカヴァルマはいかがですか？
フワッ
【カヴァルマ】豚や鶏肉を野菜とトマトで煮込んだシチュー

ふわぁ!!
いい香りです――
じゅわっ…
この独特の香りはチューブリッツア いわゆるセイボリーと いわれているシソ科の ハーブです
肉と野菜の旨みがたっぷりで
うまうまー
元気でましたか?
ハイ!
完全復活!
腸元気!!
ブルガリア料理を食べ 知世はまた一つ真実をつかんだ
甘くないのに 私にやさしい♡
いえ みんなに やさしいと 思います♡
白い恋人 ヨーグルト

世界メシ
その22
ペルー
［アルコ イリス］
東五反田

知《ち》世《せ》(28)
南米ペルーのお宝……
PERU
ん
やっぱマチュピチュ?
あとナスカの地上絵!!

うんうんですよねー なんといっても世界遺産
うっとり…
米《よね》田《だ》(26)
思い出すなぁ あの雄大な空中都市と直接対峙したときのふるえるような感動

あれ？・
手前の街で高山病になりかけて登頂断念したとか言ってなかったっけ？
ぎくっっ…
心の目で…見たんですっっ
ふっ…
でも私はこの体で世界遺産のかわりにすばらしい文化遺産を味わってきました
それがペルー料理！
海《ペルー海流》と山《アンデス》とジャングル《アマゾン》に囲まれ、350を越える気候区分のもと栽培できないものはないと言われるほどの豊かな食材の宝庫！
世界中の美食トラベラーの憧れの地！それがペルーなのです
WTA《ワールドトラベルアワーズ》4年連続「最優秀グルメ観光地賞」受賞の実績！
ペルーがクルー‼
さーて何食べよっかな

Hola!
まずはこれがなくちゃ
はじまらない！
ペルーのソウルフード
セビーチェをどうぞ！
アルコイリスシェフ
アナ・マリア
店主
新垣ユキ
ペルーでは
セビッチェリアという
専門店もあるほど
ダントツ人気の料理で
レストランや各家庭
それぞれ自慢の
味があるんですよ
【セビーチェ】
キャー！
コレコレ♡
へ〜
シーフード
マリネ？
シャク

酸っぱー
ピリ辛〜
香草《コリアンダー》とニンニクがガツンと効いてて
セビーチェ ラテンのマリネだあーっ
くーーっ
このコーンも香ばしくっていいアクセント♡
サク
【マイス・カンチャ】揚げトウモロコシ
ビールのおつまみとしてもよく食べられてますよ
サク
お皿に残ったスープも飲んで
ホラホラ
え
この…マリネ液を…飲むの?
おお!
うまっ
つけ汁にも魚介の旨みがめちゃ出てますね
フレッシュイノシン酸!!
ごくごくいけます!!

ペルーではこのスープが「虎のミルク《レテュ デ ティグレ》」と呼ばれてこっちが主役の料理もあるんです
二日酔いにもおススメ
虎のミルク・・・
なんかわかんないけどすっごくパワフルな感じがするー!!
とろーーり・・・
【パパ アラワンカイナ】
お次はパパアラワンカイナ
パパはスペイン語でじゃがいもの意味ネ
しっとり系のじゃがいもにクリーミーで濃厚なチーズソースがからんで…
ほー…
まろやかー
ARCOIRIS

そもそもじゃがいもはペルーが原産
現在でも何百種ものじゃがいもが栽培され料理によって使い分けられているんです
【パパ レジューナ】
ペルー版コロッケ
【パステル デ パパ】
ペルー版ポテトパイ
【カウサ】
ケーキのようなポテトサラダ
いろはにポテト♥
どれもおいしそ～
ペルーこそイモを知りつくした国と言えるでしょう！
エヘン！
説得力ある
じゅわわ
いもづる式にお次はフライドポテト入りのロモサルタド
【ロモ サルタド】
牛肉と野菜の炒め物

ペルーじゃ皆セビーチェとこういったワンプレートをセットで食べるのが基本ね
どちらもイモ入り♥
ペルー人のポテト愛パねェ…
おいしー♡
ムフー!
ごはんにめちゃ合う~
ベースは中華だけどどこか懐かしい味がしますよね
これは…
しょうゆが入ってる!!
That's right!
SiSi
ARCOIRIS
CEVICHE
彼の地で落ちこんでいた私の胃袋を癒してくれたのもこの優しいいも料理と日系の懐かしい味つけでした
じ〜…
どんどん食べてネー
おしょうゆすごい!

アヒ アマリージョ
ほどよい辛さと豊かな風味の黄色唐辛子
アヒペーストもペルー料理に欠かせない調味料よ♡
ちょい足しでペルー感UP!!
先住民系 アフリカ系 スペイン系 中国系 日系が作る多民族国家ペルー
それぞれのお国の味をフュージョンしていくことで新しいペルーの味を次世代へつないでいるんだね
ペルー料理を食べ知世はまた一つ真実をつかんだ
ペルーの至宝はママの作ったパパ《じゃがいも》料理♡
イモは世界を救う!!
遠くて近いペルーのごはん

世界メシ
その23
チベット
[タシデレ]
曙橋
『ゴルゴ13』に依頼人がダライ・ラマって設定のお話があるんだけどね
知《ち》世《せ》(28)
えっ
ゴルゴ?
米《よね》田《だ》(26)
そこでなんとあのスーパータフなゴルゴが高山病になってるわけ!!
チョモランマの麓あたりだけど
ぐはあ
そんなヘビィな環境でフツーに生活してるチベットの人すごくない!?
あ…そこ?
…まあ確かにそう…ですね

なにせチベット高原は「世界の屋根」とも言われる海抜４０００ｍ超えの大高原ですからね
フツーの人が富士山頂に住んでる想定…
チョモランマ 8848m
ゴルゴ 5000m あたり？
ゼー ゼー
チベットの中心都市ラサ 3700m
あっ
チベット仏教秘伝の高山病にならない技があるとか!?
それはどうでしょうか…
でもきっとそういうとこだと食べる物はすごーく大事だよね！
ですね
チベットで欠かせないものといえばやはりこのバター茶ですね
タシデレ店主
黒木露讃《ろさん》
黒木奈津子
現地ではわんこそば状態でおかわりして飲むんですよ

【バター茶】
【ツァンパ】
【チュラ】ヤクのチーズを乾燥させたもの
バター
ツァンパを練るためのバター茶
バター茶とツァンパのセットです
ツァンパって？
裸青麦《チンコー》を炒って挽いた粉です
いわゆる「麦こがし」ですね
バター茶とツァンパはチベット人に欠かせないソウルフードなんです
伝統的バター茶の作り方
緊圧茶
発酵させ押し固められた茶葉を削り取り煮出した黒茶に
ヤクバターやミルクヒマラヤ岩塩を加えてしっかり撹拌
MILK
しゃこ
しゃこ
チャイドン専用撹拌器
再び温め直したものがこのバター茶なんです
へ〜
お砂糖じゃなく塩入りなんだ
ごくん

・・・。
……
おいしいか　おいしくないかでいえば
特においしくはない…
えっ
ブッ
と
薄めたミルクティ…というか薄味のクリームスープ…というかコクのある豆乳…というか
ごくごくごくごく
ちょっっっ
知世さんっっ
じっ……
アワワ…
プハーッ
でも体はスッキリ！
フシギー
初めてでこんなに飲まれる方は珍しいです
へーっ
えっ
あっ
そういうもの？
バター茶はとっても栄養があるんですよ
ニコニコ
なるほど
野菜がとれない高地生活で不足しがちなビタミン・ミネラル寒さから身を守る脂肪とたんぱく質を一気にとれるのがこのバター茶なんですね
いや　これはなかなかオツな味ですよ
ツァンパはどうやって食べるんですか？
好き

ツァンパの作り方
①ツァンパの粉をバター茶に加える
ざーっ
時には砂糖をえれることも
粉にバター茶を注ぎ作る方法もあります
②混ぜ合わせつつチュラ（ヤクチーズ）とバターも追加
チュラ
バター
③生地を椀に押しつけるようにしながらひたすらこねる
ぎゅっ
ぎゅっ
ぎゅ
④形をととのえできあがり
素朴な味わいだけど
もち
もち
ふわあっ
大麦の香ばしさがいい感じ♡
バター茶とツァンパ シンプルだけど栄養たっぷりで高カロリー まさに高地生活に根ざした国民食なんですね
旅人はツァンパと椀を携帯して旅先でバター茶を入手して作る
でも日本人的にはもう チベット★ 味のついたものも食べたいな――
えっ

ではモモをどうぞ
あっ
あっ
【モモ】
【ヤク】北インドからチベットに生息するウシ科の動物
お客様を招くときは
モモを作ろう!!
ワーイ!
がチベットのお約束
本来ヤクの肉を使うんですが日本では手に入らないのでここではビーフモモです
じゅわっ…
わっ
皮モチモチ お肉ジューシィ ——♡
まんま小籠包ですね
ヤク肉だともっとワイルドな味わいなのかな
チベットで生きていく上でヤクはとっても大切な生き物
ドキッ

だからその生命を大切にいただくんです
体毛
織物にして衣類
テントや絨毯に
荷運び
別名「高原の船」
乳
Yak MILK
加工してチーズやバターにも
燃料
フン
毛皮
皮舟
バッグ、防寒着
革製小舟にも
肉
肉はもちろん内臓・骨髄・血も
余さず使う
ヤクすごい!
超ヤクに立つ!!
これもハレの日の料理ですね
こちらはラム肉と野菜の五目うどんトゥクパです
【トゥクパ】
ふわ

肉のおだしと
野菜の旨みと
岩塩の味つけ
ただそれだけの
シンプルな料理なのに
しみじみ
おいしい…
やっぱりフシギ…
世界の頂《いただき》で
食べて
体をあたためれば
心もあたたまる
はー
厳しい環境だからこそ
やさしい味わいが
体にしみる
いただきます
チベット料理を食べ
知世はまた一つ真実をつかんだ
食べることは
命をいただき
命を守ること
ウシロには
立たれたくないが
ウシはヤクに
立つ!!
キッ
心と体にやさしい
チベットごはん

世界メシ
その24
ケニア
[マシューコウズ
バッファローカフェ]
西五反田
知世《ちせ》(28)
ざ…
族…？
こくこく
米田《よねだ》(26)
いやー今どき流行らなくないー？そーいうヤンキー向けレストランとかー？
あ～でも転勤族とか窓際族ならい～かもね米田くんなら
ハイハイ
その族ではありません

並はずれた身体能力を持つ誇り高きケニアの部族たちのことです
カレンジン族
マラソン世界記録上位ホルダー多数輩出
マサイ族
驚異的なジャンプ力を持つサバンナの戦士
キクユ族
ケニア最大の人口を擁する
儀式におけるメイクが独創的
KENYA TRIBE!
キャーかっこいいー
おおっ…
ケニアには42の部族があって言葉も習慣も得意分野も性格も体型もそれぞれちょっとずつ違うんですよ
マシューコウズ
バッファローカフェ店主
フローレンス・スワ・マシューコ
ここでは私の出身カンバ族の家庭料理を出してます

わかった！
カンバ族はフローレンスさんみたいなナイスバディーが多い部族ですね!?
AHAHA
テレテレ
アリガトー
でももう孫もいるからダメダメー
わっ！
カンバの人たちはシャイでおだやかおとなしい人が多いの
でも音楽が大好きで歌とダンスのスペシャリティなのよ
この音は「ニャティティ」っていうケニアの伝統弦楽器
この中腰のダンス…きっつーい
ジタ
バタ
盆踊りですよワレワレ
じゃあ力のつく飲み物どうぞ――
とうもろこしの粉はちみつ・レモン・生姜・ヨーグルト・ミルクのミックスドリンク
ウジーです
【ウジー】
とろりん
わー！
生姜の香りがきいてる――

朝ごはんがわりや食欲のない時にもよく飲むよ
ホットでもアイスでもOK!
甘くて栄養たっぷり天然のパワードリンク
これはまさに…
甘酒っぽい
とろっとしてるのはとうもろこし粉なんですね
米やじゃがいもや豆も食べるけど主食として一番食べられてるのが白とうもろこしね
【ウガリ】
とうもろこし粉を練って作るケニアの代表的なもち状の主食
その白とうもろこしを粒のまま使っているのがこのイリオよ
【イリオ】
しっとり…

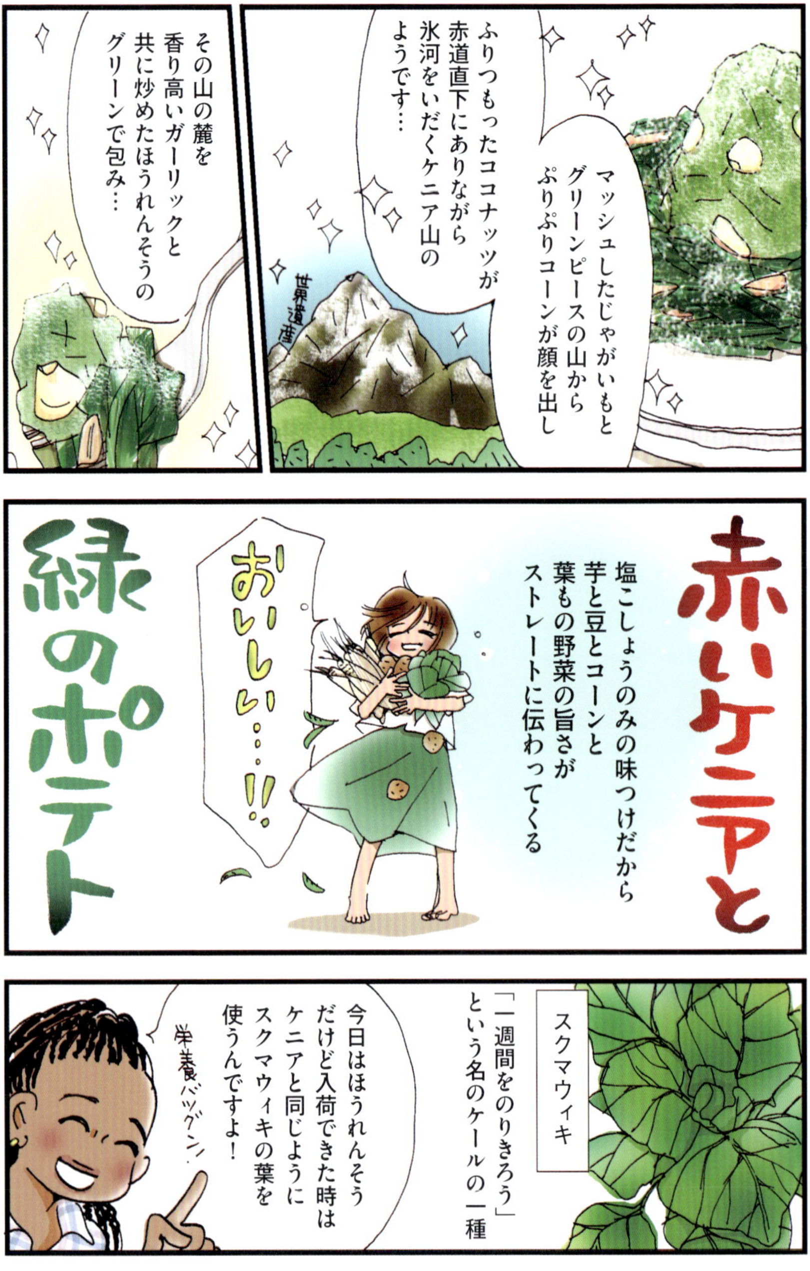
マッシュしたじゃがいもと
グリーンピースの山から
ぷりぷりコーンが顔を出し
ふりつもったココナッツが
赤道直下にありながら
氷河をいだくケニア山の
ようです…
世界遺産
その山の麓を
香り高いガーリックと
共に炒めたほうれんそうの
グリーンで包み…
赤いケニアと
塩こしょうのみの味つけだから
芋と豆とコーンと
葉もの野菜の旨さが
ストレートに伝わってくる
おいしい…!!
緑のポテト
スクマウィキ
「一週間をのりきろう」
という名のケールの一種
今日はほうれんそう
だけど入荷できた時は
ケニアと同じように
スクマウィキの葉を
使うんですよ!
栄養バツグン!

あつあつ
カンバ族のサモサ カンバサモサとキャッサバ芋の揚げ団子です
【カンバサモ】
【キャッサバの揚げ団子】
キャッサバはフォークでちょっと穴を空け
ザクッ
カンバサモサは端っこを少しかじりレモンを
ジュッ
手づかみで
ザクッ
カリッ
はふーっ
サク
サク
サク
サク
サク
ビールがほしい～～
インドのサモサは芋&ひき肉ですがカンバサモサは鶏ひき肉と玉ねぎなんですね
サモサの具は土地土地によって全然違うよ

カンバサモにも キャッサバにも コリアンダーたっぷりで 揚げ物なのに 後味さわやかー
ケニア料理に コリアンダーは とても大事
カレーやスープにも いっぱい入れる
肉料理に欠かせない カチュンバーリは コリアンダーとトマトと 玉ねぎをたっぷり 使ったピリ辛サラダよ
じゅわわー…
ケニアの焼き肉 ニャマチョマと いっしょにどうぞ
【ニャマチョマ】
【カチュンバーリ】
ワイルドだけど さっぱりしてて おいしーい☆
カチュンバーリの フレッシュさが お肉に合いますね
よかったーよ
うちだけじゃなく ケニアの料理は基本 いつも作りたて フレッシュなものしか 使わないのよ

鶏をさばいたら
その日のうちに
料理して残さず
いただく
ケコー
畑からとってきた野菜は
やっぱりその日のうちに
食べきっちゃう
作りおきしない
うわーー
作る人大変ですね
なんで?
きょとん
だって皮むいたまま
ほっておかれたら
ポテトかわいそう
じゃない?
苦しそう
ライブを食べる
その日食べるものだけ
作って食べる
シンプルであたりまえの
毎日の食事が
美しい体を作ってきた
トライブで生きる
ケニア料理を食べ 知世は
また一つ真実をつかんだ
その日のごはん
その日のうちに
ケプ
ああっ
もう…
カラッ
食材と身体の
ポテンシャルを高める
ケニアごはん

もぐもぐコラム
ごはんが主役！
すごく今さらの話をしますが
西洋の主食はなんでしょう？
そりゃパンでしょ
あ イタリア人はパスタか
違います
ドドドドドドドドドドドドドドドド
彼らにとって主役《メイン》はあくまで肉！
パンやパスタの炭水化物はどこまでいっても添え物なのです！
えええっっっ…
米にいたっては野菜扱いですからね……
パエリアもパン片手に食べたりするし
サラダとか
そっか、
「ごはん＋おかず」が基本のアジア圏では全然ピンとこないね～
ましてや日本では食事をすることを「ごはんを食べる」って言うし
まごうことなき主役！

東アフリカや
西アフリカでも基本は
「主食＋おかず」の
スタイルだったよね
フフ
ヤムイモのおもち
アジンデシ
ラム肉入りのスパイシースープ
そうそう
しかも主食の
バリエーションが
けっこう豊かなんですよね
ヤムイモ キャッサバ とうもろこし…
マラソンエリートの
東アフリカ勢の選手たちも
普段の食事は甘〜いチャイと
ウガリらしいですよ
ウガリ
とうもろこし粉で練ったおもち
肉と比べると
地味だし控えめだけど
やっぱり力を
もらえるんだよねー穀物は
時にはひかえめ
時にはぐいぐい
フー！
主役って
ほんと大変……
むしろひかえめだったことがあるのかと
ごはんの国の人だもの

世界メシ
その25
アメリカ
[ソウルフードハウス]
麻布十番
MY SOUL FOOD IS MISO SOUP !
CHISE (28)
THE HANGOVER HOURS SPECIAL
AH HA?
WHAT DID YOU SAY ?
YONEDA (26)
ちっちっちっ
これぐらいの英語わかってほしーなー「私のソウルフードはおみそ汁♡」だよー
実は
この件については以前から言いたかったことがありました
日本人は「ソウルフード」の本来の意味をわかって使っているのかと…

何を今さら
その土地その土地で愛されている郷土料理のことでしょ？
TACO YAKI
SANUKI UDON
MISO KATSU
違います！
ソウルフード
それは本来「アメリカ南部発祥のアフロアメリカンの伝統食」のみを差す言葉なのですからっ
NORTH CAROLINA
SOUTH CAROLINA
TENNESSEE
ARKANSAS
ALABAMA
MISSISSIPPI
GEORGIA
LOUISIANA
えぇっ
そうだったの!?
いらしゃいマセ♡
ソウルフードハウス
シェフ
ラトーニャ・ウィティカ
ニッコリ
フライドチキンやマカロニ＆チーズ、ジャンバラヤ
日本でポピュラーなメニューももともとは南部料理なんですよ
マネージャー
デイビット・ウィティカ

今日は何食べますか?
こんにちは♡
ぎゃっ
うーん どーしよっかな〜…
ぎゅう
うっ…
ニコニコ
米田くん!
ラトーニャさんの作る料理きっと何食べてもおいしい!!
ハズ!
コクコク
わかります
ではまずルイジアナ発祥のソウルフードシーフードガンボスープをどうぞ
【シーフードガンボスープ】
とろ〜っ
フワン。。。
カニのエキスがぎっちぎちに効いてて…
うふ〜っ…
超濃厚!!

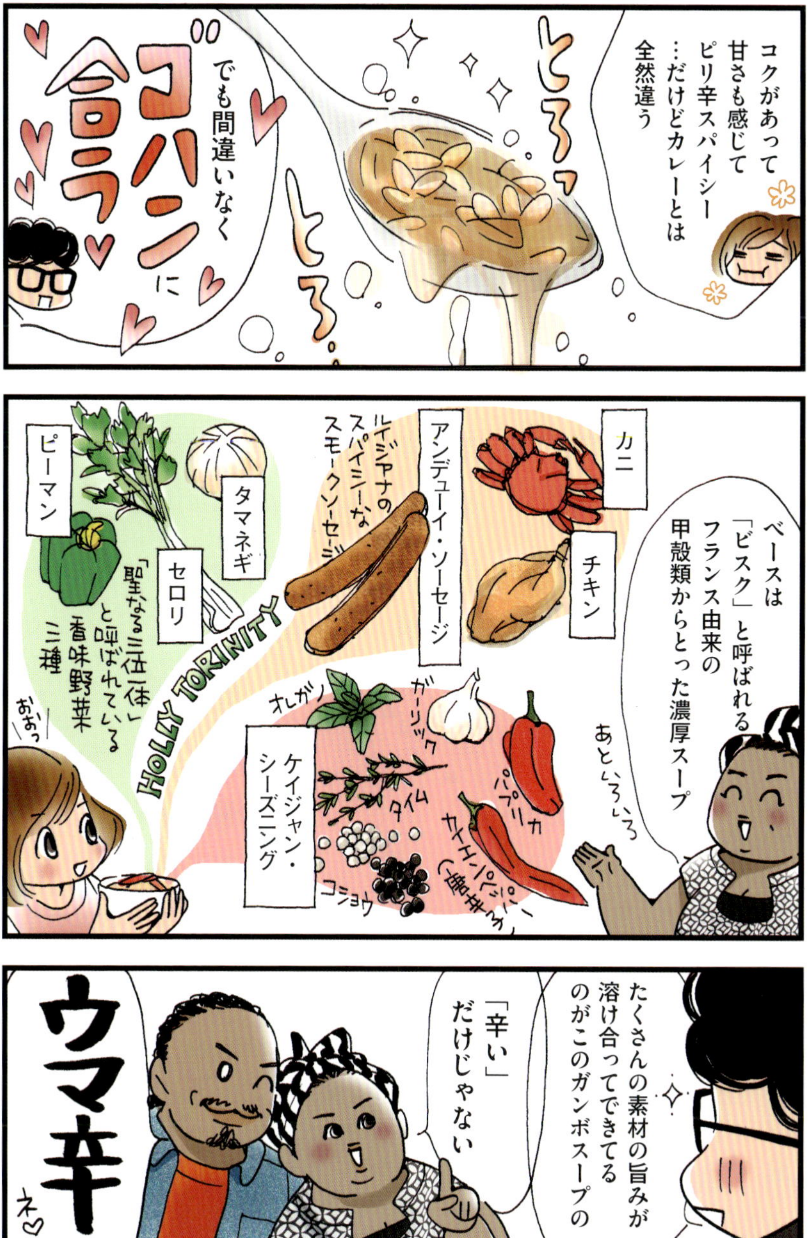
コクがあって
甘さも感じて
ピリ辛スパイシー
…だけどカレーとは
全然違う
とろっ
とろ
でも間違いなく
ゴハンに
合う
ベースは
「ビスク」と呼ばれる
フランス由来の
甲殻類からとった濃厚スープ
カニ
チキン
アンデューイ・ソーセージ
ルイジアナのスパイシーなスモークソーセージ
タマネギ
ピーマン
セロリ
「聖なる三位一体」と呼ばれている香味野菜三種
HOLLY TORINITY
おおっ
あといろいろ
オレガノ
ガーリック
パプリカ
ケイジャン・シーズニング
タイム
カイエンペッパー(唐辛子)
コショウ
たくさんの素材の旨みが
溶け合ってできてる
のがこのガンボスープの
「辛い」
だけじゃない
ウマ辛
ネ♡

【GUMBO】
①オクラ ②ガンボスープ
「ガンボ」だけどオクラは入ってないんだ
うちのガンボはオクラを使わずにとろみを出してるのよ
ガンボは土地や人によって作り方も材料も味も違うそれこそ作る人の数だけあるの
ママの味がママの数だけあるように
次はフライドキャットフィッシュのプレートよ
ジュワッ
【フライドキャットフィッシュ】
サイドディッシュはマカロニ&チーズコーンブレッドもつけてね
CATFISH…?
ナマズのことですよ
にやっ
ナマズフライ!!
初めて食べる
ホクホク
コーングリッツをまぶして揚げてるのよ
ザクッ

白身
ふわっふわ
ナイス!
ナマズ!
コーン衣
サックサク♡
そっすか!
good!
アメリカ南部では
ナマズの養殖が盛んで
ポピュラーな食材なの
唐辛子ベースのホットソースをつけてどうぞ
HOT SAUCE
ウマー
淡泊で上品な
味わいがフライにすると
グッとひきたちます
ホロホロ…
コーンブレッド
とうもろこしの
風味がすごい!
マカロニ&チーズも
テッパンの
旨さです
THIS IS AMERICA
どれも素朴で
昔からあたりまえに
食べられてきて
どれもちゃんと
手がかかってて
ちゃんとおいしい
サザン
オールスターズ

【ダーティライス】
フワァッ…
これも南部名物ダーティライスよ
ケイジャン流炊きこみチャーハン
ダーティ
DIRTY
!?
すごいネーミング
鶏レバーや砂肝や……本来なら捨てる内臓を使っててこの見た目だからダーティライスなの
19世紀前半まで続いた奴隷制の中、労働を強いられたアフリカ人とその子孫たちが食べていたのは それまで捨てられていた家畜の内臓や野菜の葉もの部分——
CHITLINS
豚の小腸の煮物
ROASTED PORK RIBS
豚のスペアリブ
ケイジャン料理やクレオール料理という南部の独自文化をベースに今まで見向きもされなかった食材を使うことでソウルフードは生まれた

見た目はダーティかもだけど
スパイスと香味野菜が
レバーのクセさえ
大人の味わいに変えてる…
三位一体野菜とアンデューイソーセージがイイ
うん。…
すっごくタフで
ビューティフルな
おいしさだ
過酷な歴史の中
捨てられていた食材を
知恵と工夫で調理し
アメリカを代表する
メニューにまで高めた
生きるために食べ
今に生き残った
魂の食事
それが
ソウルフードの原点
アメリカ南部料理を食べ
知世はまた一つ真実をつかんだ
捨てる神あれば
拾う神あり
When one door shuts another opens.
食べたくて食べたくて
胃袋ふるえる
ソウルフード

世界メシ
その26
ミャンマー
[ミンガラバー]
高田馬場
打ち合わせ終了〜
おつかれさまでした
米《よね》田《だ》(26)
知《ち》世《せ》(28)
ちょっとモメましたがわかってもらえて良かったですね
脳みそ酷使してお腹ペッコペコだよ〜！
そうですね〜このあたりだと…
なんかいいお店知らない…？
！
ありますあります いいお店
ちょっとそこでお茶していきましょう
米田くん
半日コーヒー漬けだった私にまだお茶飲めって言ってる？

飲むんじゃなく
食べるんです
え
食べるお茶!?
ミャンマーにはラペットゥという茶葉料理があるんですよ
ミンガラバー店主
ユユ・ウェイ
ミョーティン・ウェイ
おかずとして食べたりお茶うけにつまんだりお客さんが来るときやお祝いの席にも必ず出る国民食なんです
ミンガラバー
MYANMAR
お茶うけにお茶!!
あたらしい!!
ミャンマーでは古くからある伝統的な食べ方なんですけどね

お茶っ葉《ラペソー》と豆たっぷりの和え物ラペットゥです
わ〜
キャベツやトマトも入ってて…何だかサラダっぽい！
【ラペットゥ】

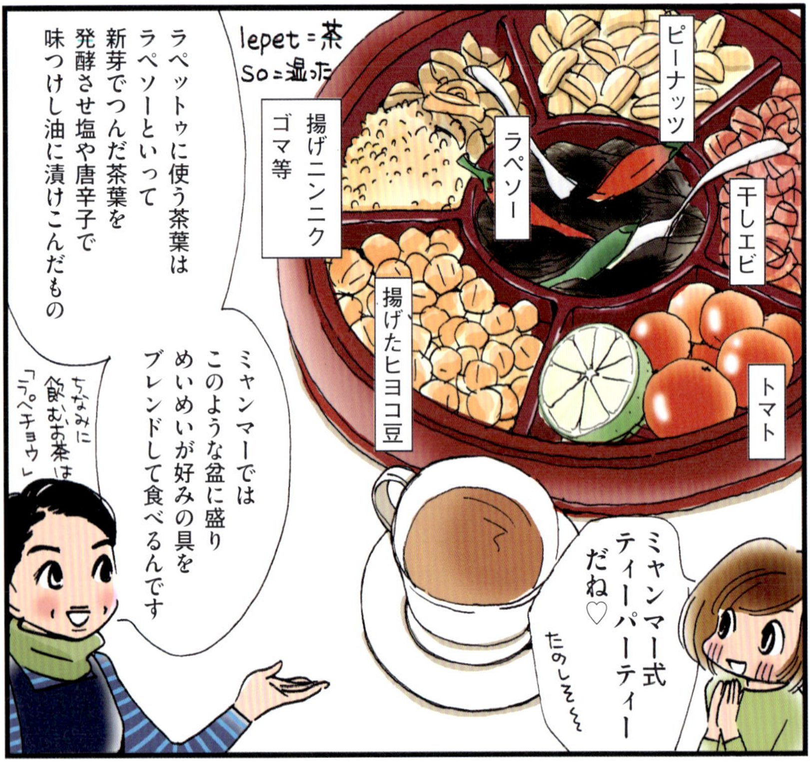
ラペットゥに使う茶葉はラペソーといって新芽でつんだ茶葉を発酵させ塩や唐辛子で味つけし油に漬けこんだもの
lepet＝茶
so＝湿った
ピーナッツ
ラペソー
揚げニンニク ゴマ等
干しエビ
揚げたヒヨコ豆
トマト
ミャンマーではこのような盆に盛りめいめいが好みの具をブレンドして食べるんです
ちなみに飲むお茶は「ラペチョウ」
ミャンマー式ティーパーティーだね♡
たのしそ〜〜

ザクッ
パリパリ
お♥
カリポリ
コリコリ
うんうん
サクサク
ザクザク
しゃくしゃく
ポリコリ
コリ
ジャクジャク
ほー
いろんな食感が楽しい――
お茶っ葉の酸っぱさと豆の香ばしさがクセになる
おしゃべりも食べるのもやめられないとまらない
まさに
茶ット料理
茶葉の苦みと酸味とピリ辛のミックスが新鮮です
ふんふん
おいしー♥
まぜごはんでおにぎりにしたりもするんですよ
それ絶対イケる

サクサク
屋台の定番スナック
トーフジョーです
スイートチリソースでどうぞ
【トーフジョー】
フワフワ
「トーフ」?
日本の豆腐と同じもの?
ニガリは使いませんが
ひよこ豆をつぶして練って固め切ったものを油で揚げているんです
ひよこ豆独得のほっくり感があってサクサクフワフワで
おいしい〜
ちなみに「トウナウ」という納豆もあります.
ミャンマーでは和え物はトウ
揚げ物・炒め物はジョーと呼ぶんですが
「ラペットウ」もコレ
【ジントウ】
ショウガと豆の和え物
【ガーベージョー】
ミャンマー風さつま揚げ
ごはんのおかずになるミャンマーの煮込み料理といえばやはりこのヒン
いわゆるカレーです

豚肉のカレー煮込み
ウェッターヒンです
【ウェッターヒン】
じんわり…
わー
これ絶対
おいしいやつです
はぐ!
じゅわ
スパイシー
けど辛すぎなくて
日本人にやさしい
ショウガ、ニンニク、
フライドオニオン、
ガラムマサラの力が
一つになって…
歯ごたえをちゃんと
残した皮つき豚バラ
肉をごちそうに
変える…
これには
この旨すぎる豚肉の
ポテンシャルを最大限に
発揮する白い恋人
ごはん
くださ〜い!!
ヒンすれば
丼す!
ハーイ
だよねー

仏教徒が大多数のミャンマーでは精進日をのぞいて食のタブーはないんですが
牛は昔から農耕に使い米を作ったり乳をもらったりしている命の恩人なので食べられないって人は多いですね
へー
なんかいいな
人気があってよく食べるのが鶏肉
こちらはその鶏肉を使ったもも肉のスパイシー煮込みと炊き込みご飯です
【ダンパッウ】
骨つきチキンだー！
鶏ホロホロでジューシィ〜
マゼマゼするともっとおいしいよ。
うま
うま
インド料理のビリヤニに似てますね
でもスパイスはマイルドどのお皿も豆やナッツたっぷりでやっぱりどこか違いますね…
魚醤のうまみも感じます

CHINA
INDIA
MYANMAR
THAILAND
ミャンマーの人々は周辺のインドやタイや中国からいろんな素材や調理法を取り入れてきましたが
そうした影響をすべてオリジナルなおいしさに変えてきたのがミャンマー料理なんですよ
なるほど――
確かに
日本のカレーやラーメンも発祥はインドと中国だけどあれはもう完全に日本食ですもんね…
ほんとほんと
そしてお腹いっぱいなのについつまんじゃうラペットゥ♡
まさにお茶うけキング
ミャンマー料理を食べ知世はまた一つ真実をつかんだ
ふう…
「お茶しない？」は仲良くなるための合言葉
飲むほうはコンデンスミルク入り紅茶!?
英国領だったときの影響か
なんと
似ているようでオンリーワンのミャンマー料理

世界メシ
その27
ネパール
[マヤ]
高田馬場

米田《よねだ》(26)
ネパールには「ダルバート」と呼ばれる料理があるんですが
現地じゃ肉以外は基本おかわり自由なシステムなんです
バックパッカー時代の米田
タプリ？
（おかわりは？）
当然するよね？という顔
ニコニコ
「あ、もういいです」…とは言えない…
いただきます…
へー！
いーなーそれ！
知世《ちせ》(28)
私カレーもナンも大好きだしー
あ
ネパール人はほぼほぼナン食べませんけどね
——じゃあネパール人は何食べてんの!?
ナンということでしょう!!
…うん言いたかったんですよね
フツーにコメですよ

ネパール料理は地理的にインドやチベットに影響を受けてるんですが主食は間違いなくごはん
TIBET
NEPAL
INDIA
カナ（食事）
カジャ（おやつ）
餃子や麺
コメのごはん以外はどんなにボリュームがあってもおやつ（カジャ）って認識なんですよ
食べたくて食べたくて震えてるのがカナだね
そーナンだ
でもおかずはいわゆる「カレー」なんだよね？
ネパールカレーとインドカレーの違いってナンなんだろ？
しつこい…
ナマステー
マヤ店長 バネル
ネパールとインドのカレー大体同じ!!でもちょーっと違う
油とスパイス使いはシンプルでも豆と野菜はチョーたっぷりねー

どーん…
これがネパールの定食
ダルバートね
【ダルバート】
わっ…
コレコレ
すごいボリューム！
食べられるかなー
【バート】ごはん
【アチャール】ネパール版ピクルス
ダルは豆カレー バートはごはん 日本でいうと みそ汁＆ごはんネ
【サグブテコ】ほうれんそう炒め
【タルカリ】チキンカレー
【タルカリ】野菜カレー
いわゆるカレー炒め
【ダル】豆カレー
そこにタルカリと いわれるいろんなおかずを セットにした定食を ネパール人は毎日 食べてるの

ネパール版一汁三菜だ♡
ナマステポーズで
合掌
いただきまーす
まずはダル（豆カレー）から
おー
もったりした口当たりで豆の旨みと甘みが出ててスパイシーなんだけどやさしい味わい
原材料はレンズ豆
ネパールでとれるジンジャーとにらハーブが味のポイント
チキンのタルカリには玉ねぎ、パプリカ、タケノコがゴロゴロ
野菜のタルカリはじゃがいもやカリフラワーがゴロゴロ♡
ネパールの定番おかず
【アルゴビ】
アル（じゃがいも）ゴビ（カリフラワー）
さらにさらにほうれんそう炒めのサグブテコ！
スパイシーなたっぷり野菜が「タプリ（おかわり）」のヒミツなんだね
ふんふん
ん？
ダルとタルカリ混ぜて！
ミックスミックス

ダルバートはタルカリを混ぜてこそ真価を発揮するんです
全部のせ推奨です
こ…こう?
まぜまぜ
まぜまぜ
ムラコアチャール〈大根ピクルス〉
ゴルベラアチャール〈トマトピクルス〉
名脇役アチャールの酸っぱ辛さもアクセントにして
ほわっ…
ガタッ
!
混ぜることでそれぞれの料理の味わいが新たな変化をおこしてる
ワンプレートの混とんから新しい旨さが立ち上がる…
ほんとに立たなくてもいいですよ…
この混ぜ混ぜソースでエベレスト級に盛られたごはんもまたたく間に制覇できちゃうんですよねー♡
もりもり
しゃるるる…
罪なヤツだぜダルバート

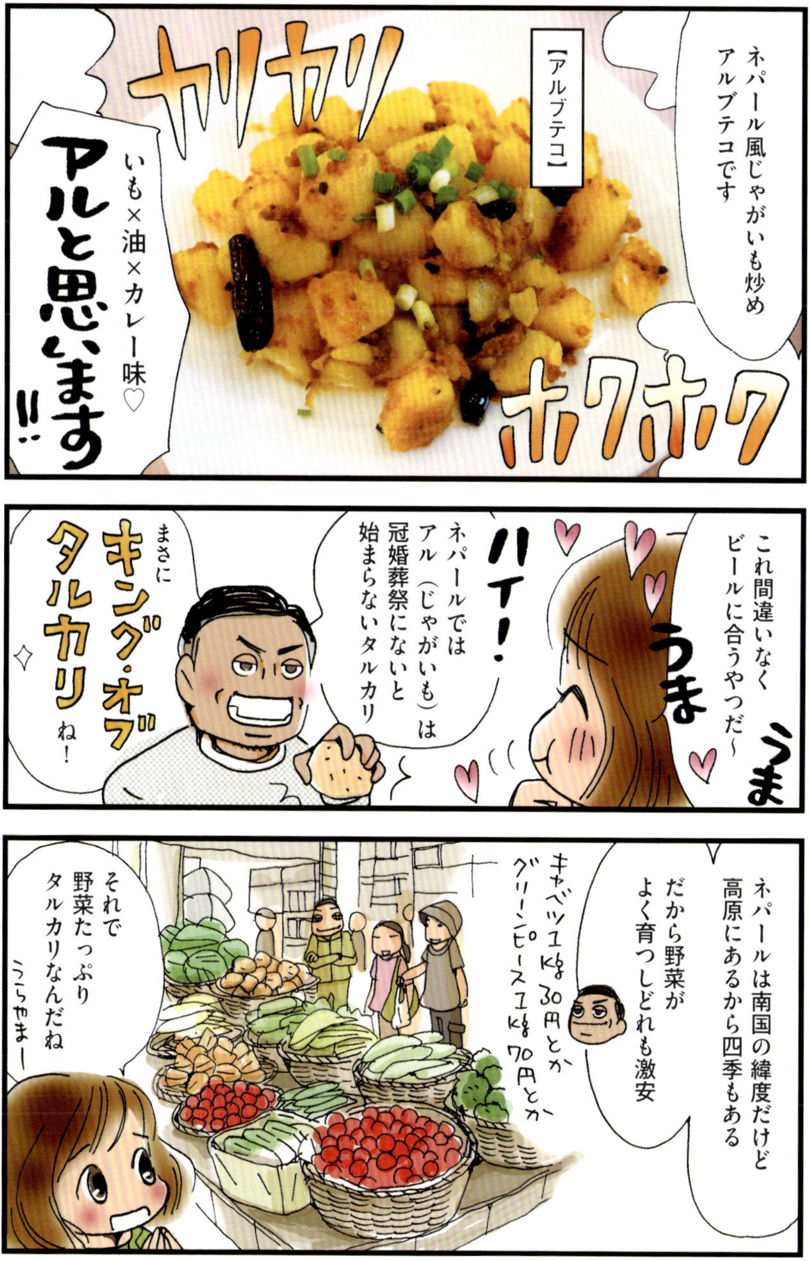
ネパール風じゃがいも炒め
アルブテコです
【アルブテコ】
カリカリ
ホクホク
いも×油×カレー味♡
アルと思います!!
これ間違いなくビールに合うやつだ〜
うま
うま
ハイ!
ネパールではアル（じゃがいも）は冠婚葬祭にないと始まらないタルカリ
まさに
キング・オブ
タルカリね!
ネパールは南国の緯度だけど高原にあるから四季もある
だから野菜がよく育つしどれも激安
キャベツ1kg30円とか
グリーンピース1kg70円とか
それで野菜たっぷりタルカリなんだね
うらやまー

お肉はそんなに食べないんですか？
ヒンドゥー教徒は神の使いである牛は食べない
けど鶏や羊や山羊や水牛は食べるよ
これは羊の干し肉炒め
カリッ
ヘーマトンジャーキーかあー
【スクティ】
ゴリ…
うっ!?
カミ
カミ
カミ
カミ
む……
むぅ〜？
ム
ム…
堅い…
ム
ム
でも…？
マトンのクセとスパイシーさがいい！
カミ
カミ
ずっとかみしめていたい…!!
カミ
カミ
山の人は体をあたためる山羊のスクティをよく食べるね
なるほどー

ネパールでは
かみごたえの
あるほうが
いいお肉
【パングラ】
砂肝の炒め物
【マトンセクワ】
マトンのスパイシー串焼き
じわじわ
かみかみ
うんうん
サクサク
確かにこれは
かみしめてこそ
わかる肉の旨み
ですね
じわー!
「クセがなくてやわらかい」的
価値観にとらわれてると
気づかないおいしさかも
えっ
スタッフの
皆さん全員
ネパールの方?
ネパールは
多民族で言葉も
それぞれ違うからね
みんな違ってみんないいッ!
ピリ辛
さっぱり
こってり
ネパール料理を食べ
知世はまた一つ真実をつかんだ
シンプルスパイス
タップリ野菜が
タプリ《おかわり》の秘訣?
ケプ
プファー
また
うまいものを
食ってしまった…
カラン
大体同じで
けっこう違う
ネパール料理

なんだかんだで世界30カ国近くの（都内の）おいしいレストランを食べ歩いてきたわけだけど…
思えばそれ全部
知《ち》世《せ》(28)
米田くんといっしょに過ごした時間なんだよね——
…え…
え？
米《よね》田《だ》(26)

やっぱ持つべきは
ジーーん
下戸なのに酒飲みのごはんにつきあってくれる太っ腹な友だよねー
ミュランガイド
ああはい…
いつも盛大にワリカン負けさせられてますもんね…
ま…いーんですけど
好きでやってるだけですからっ
うんうん
米田くんほんと食べること好きだよねー
すっぱいエチオピアのパンインジェラ
確かにクセのあるものもありましたが
ローカルの人たちと同じものを食べるってその国や人を知るための第一歩だと思いますし
くさ旨カンボジア料理プラホック
チベットのバター茶
Tibet Festival

腹を割って話し合ったり
ハワイの豚一匹料理
カルアピッグ
時には腹ワタ煮えくり返らせたり
アメリカ南部料理
レバーと砂肝を使った
ダーティライス
でも最後は腹かかえて笑い合ったり
おしゃべりのお供
ミャンマー料理
ラペットウ
私はそんな熱いコミュニケーションがとれる
消化器系
レストランが作りたい!!
攻め
守り
雲竜型…?
レストランが消化器系なのは当然ですね
最高のレストランを作るという知世さんの夢は置いといて
ちぇー
おかれちったー
私が今やらねばならないことは直近に迫ったグリーンウェル氏との会食に使うレストラン探しです

というわけでここで改めてゲストの確認を
Maido!
マイケル・グリーンウェル(46)
食品輸入商社
日本支社長で
アジア・パシフィック担当
日本通の米国人
生卵もイケます
米国本社ではシニアバイスプレジデントの肩書きです
おー
来期うちで立ち上げるフードフェスの要になる人物だからね!
そそーのないようにしなければっ
カチ カチ
カチ
グリーンウェルさんって
どんな人なの?
う〜ん
あれはグリーンウェルさんと取材先に向かっていた時
ん?
何の騒ぎですか?
キャッ
キャッ
あー
神田川でボラが大量発生したってニュースで言ってたんで
その見物人かと…

出世魚
ボラ
ハイ
トーキョーの川でボラが獲れるんですか？
獲れるってハラか
上がってくるってハラか…
江戸時代にはわりとフツーに食べられてたメジャーな魚でして…
ヨネダさん!!
トーキョーブランドのカラスミを売るチャンスじゃないですか
カラスミ!?
ん？
東京のボラは泥くさくて厳しいかもって言ったら落ちこんでましたが…
エーモッタイナーイ
こんなにいるのにィ～
今はだいぶマシになってるみたいですが……
ヨネダさん
──てなことがあったので魚が好きなんだろうと寿司とか魚介の名店にお連れしてたら

私のことサシミスシ大好き外国人だと思ってますか？
えっ
お好きじゃなかったんですか？
好きです
このタイのコブ〆なんてチョーアメージング～
あ
なんだ…
ホッ
ヨネダさん
えっ
カタルシス効果って知ってますか？
何ですか？
ネガティブな感情をあえて語らせることで心をオープンにして距離を縮めるテクニックです
この場合ヨネダさんは私に嫌いなものを聞くべきなんです
……
…グリーンウェルさんの嫌いなものは何ですか？

ないよ!
!
HA!
グリーンウェルさんはヨネダくんのことが大好きなんだね
私わかるよ
いーんですよなぐさめは
私はめんどくさい人とゴハンを食べなきゃいけない運命を背負ってるんです…
てっちりとかてっさは?
毒をもって毒を制す
毒あっちゃダメです
そのへんの変化球は投げちゃってるんです〜
誰と食べるか何を食べるかいつ食べるかどこで食べるか…
いくらで食べるか!
すごく大事!
How much
When
Where
What
Who
むー
接待の悩みってまんまレストラン開業にあたってのおもてなしの柱だね

一番大事なことを忘れています
え
WHY
グリーンウェル氏との場合は気持ちよく仕事をしてほしいっていう下心なワケですが…
ま…
です
……なぜ…
それは今まで何度もしてきた質問
どうしてこのレストランを開いたの？
なんでかって？それは……
どやっ
レストラン腹のさぐりあい
バン！
ヨネダくん！この接待私も連れてって!!
えぇっ
WHY!?
おもてなしにはうらがある
つづく

世界メシ
その28
日本
[会席料理 岸由《きしよし》]
東中野
箸と橋
いわゆる同音異義の日本語ですけど元は同じ語源だって聞いたことがあります
米田《よねだ》(26)
HASHI
橋は岸と岸をつなぐもの 箸は食べ物と人をつなぐもの
ナルホド
日本語 オモシロイ!!
マイケル・グリーンウェル(46)
つまり今日 お箸で食べる和食こそ マイケルと私たちを つないでくれる食事だと
知世《ちせ》(28)

ナルホド
知世さんもオモシロイね
キャー☆
ほめられちゃった
カンパーイ
ブツ ブツ ブツ…
結局楽してるし
しかもいきなりうちとけてるし……
ちび
けどマイケル
お箸の使い方
エレガント〜
さっすが食の仕事してるだけある〜
箸文化は世界で
30%のシェアが
ありますから
トーゼンです☆
そっか中国も韓国もベトナムもお箸だもんね
となると
和食ならではの
特徴って何だろ…?
四季のうつろいを
表現しているってことじゃ
ないでしょうか
岸由店主
坪島完次
旬の「はしり」と「なごり」を
味わうという楽しみが
和食にはありますよね
坪島文

旬《ベストシーズン》に種類があるんですか?
HASHIRI 走り
いわゆる初物
フレッシュなみずみずしさが身上
SAKARI 盛り
本来の旬
出荷量も多く最も美味しい時期
NAGORI 名残り
旬の終わり
季節の余韻を楽しむもの
さっぱりとした旨みの「はしり」も脂がのる「さかり」もそれぞれ良さがありますから
春の山羊チーズ《シェーブル》…秋のジビエ…旬なら他国にもありますが
「はしり」や「なごり」の考え方はオモシロイ!
デス!
「初物食べると寿命が75日延びる」とも言うんですよ
フッフッフ…
私も大好き♡
ホホー
長生きしそうですもんね 知世さん…
先付でお出ししたホタルイカと浜防風の酢みそ和えも春の「はしり」の味ですね
OH!
私たちいきなり150日も長生きしちゃってますね!?

こちらの八寸にも春のはしりと冬のなごりを盛りこんでます
空豆でさらに75日寿命追加〜〜
ヨネダさん!!
この…ミモレットのようなディープオレンジは……
ねっとり…
カラスミです
以前マイケルが神田川のボラのこと喋ってた記憶があって…
自家製ですごくおいしいんですよ
ヨネダさん…
日本三大珍味のひとつですがイタリアでもカラスミパスタが有名ですね
(伊)ボッタルガ
ヨーロッパじゃボラだけじゃなくマグロやタラでも作られてるみたいですが
魚卵のおいしさは世界共通なのです
でもさーボラみたいな大衆魚からイクラやカズノコより高級品のカラスミができるってかなりの大出世だよねー

ボラ自身も出世魚ですし
オボちゃん…
【おぼこい】の語源
オボコ
スバシリ
【いなせ】の語源
イナ
ボラ
トド
(cm)
0 10 20 30 40
成長につれて呼び名を変えるっていうのも魚になじみが深い国ならではですね
同じ魚なのに…
ぎっちぎちに凝縮された魚卵のうまみがねっとりと口中に広がる
そこへもって日本のSAKEを流しこめば自分の中に眠っていたおっさんが声をあげる——
…〜〜っあ゛ー…
うめ゛え〜〜
ザッツライイ〜〜
トドのつまり
もっと飲みたいんですね…
ハイハイ

このおSAKE！タフな味わいでしっかりした味つけの肴にとっても合いますねー
おいしー
「悦凱陣《ヨロコブガイジン》」にヨロコブガイジン…
お次は椀物♡
カパ…
ふわ…
木の芽とだしの香りがたまら～ん
ふわ～ん…
ずっ
椀だねは蟹しんじょです
はあっ……

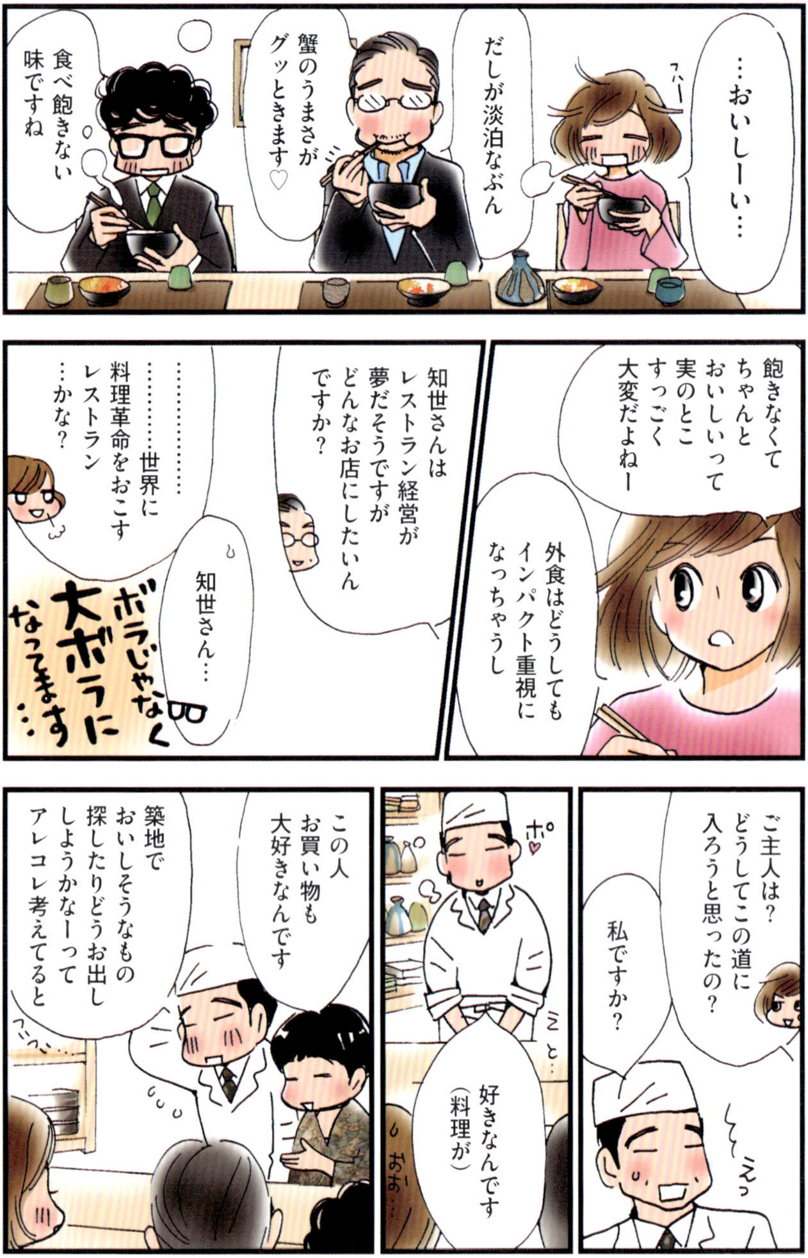
…おいしーい…
だしが淡泊なぶん
蟹のうまさがグッときます♡
食べ飽きない味ですね
飽きなくてちゃんとおいしいって実のとこすっごく大変だよねー
外食はどうしてもインパクト重視になっちゃうし
知世さんはレストラン経営が夢だそうですがどんなお店にしたいんですか?
……………世界に料理革命をおこすレストラン…かな?
知世さん…
ボラじゃなく大ボラになってます…
ご主人は?どうしてこの道に入ろうと思ったの?
えっ
私ですか?
ポ♡
好きなんです(料理が)
こと…
おお…
この人お買い物も大好きなんです
築地でおいしそうなもの探したりどうお出ししようかなーってアレコレ考えてると

お客様には店に足を運んでいただいてるんですし私もやはり魚や野菜を売っている人の顔を見て買いたいんです
キラリーン
ご主人のウキウキがこのキトキト刺盛に表現されてるのね…
このお店を開く前はどこで修業をされてたんですか?
日本料理の大家志の島忠先生のもとで基礎を学び
銀座の料亭で修業し…
GINZA
駐キューバ大使館に料理人としておもむき
CUBA
革命きましたァー!
亡きカストロ議長に角煮とごま豆腐をおかわりしていただいたことも…
人と命をつなぐ料理を求め知世の革命は次回につづく

「これをもう一つ」
キューバの革命家が
おかわりした
日本人料理人の作った
角煮とごま豆腐
テヘ
「おかわり」って
きっと
最高の賛辞だね

岸田店主
坪島完次
――ハイ
「もう一度食べたい」
すなわち
「もう一度会いたい」
おかわりは
I LOVE YOU
なんですね…
マイケル…酔ってる？
知世《ちせ》
(28)
マイケル・グリーンウェル
(46)
米田《よねだ》
(26)
でもこの会席が
マイケルに仕事の
ラブコールをする場で
あるのは確かです！
…
男性に愛されるの
ツマんなーーい
次はブリの塩焼き
つけあわせは
葉ワサビの
土佐酢和えです
ジュワッ…

皮目はパリパリ☆
細かく入れた包丁が仕事してる
パリリリッ
じゅわわー
身の部分はブリの脂が
…
すぐ溶けちゃう春霜をふみしめて歩いてるような
パリパリ
じゅわ
パリパリ
じゅわ
じゅわじゅわ
冬のなごりを感じさせるブリだね
ワサビの和えものの鼻にぬける感じがさわやか――
ツーンとしすぎません
葉ワサビも花ワサビも春が旬 特にツボミをつむ花ワサビは今だけの楽しみです
ほー!
ワサビと言えば言葉のサビはこのワサビからきてるって説が
葉ワサビ
花ワサビ
根茎
WA SABI
ナルホド
ワサビは料理にきかせるもの! サビは音楽のきかせどころ! ですね
うまいマイケル

ちなみに
音楽のサビは英語で言うと「ブリッジ」
BRIDGE
橋《ブリッジ》？
メロディとメロディのはしわたし
それがサビ《ブリッジ》
おおっ
そして料理のはしわたしをするのがワサビ
ネタとシャリをはしわたし
刺身と人をはしわたし
ワサビで英語圏と日本語圏がブリッジングしたね
最後の椀は白アマダイと聖護院カブフキと花ワサビの炊き合わせです
ふわァァ

冬が旬の
白アマダイと
聖護院カブ
春から初夏が旬
さわやかな香りが
身上のフキと花ワサビ
これが…
冬から春への
旬のはしわたし…!!
アマダイもカブも
淡泊なんだけど奥に
しみじみ甘みがあって
シンプルな昆布だし
だからこそわかる
旨みですね
ピタ
どうしました?
知世さん
…そっか

理想のレストランの形を追い求め 世界中の（都内の）レストランで食べオーナーやシェフに問いかけてきた――
どうしてこのレストランを開こうと思ったの？
私の国の本物のママの味!!食べてほしかった
誰も私の国のこと知らなくて…知ってもらうにはまず食べるものからかなって…
この味！絶対気にいってもらえるって思って――
価値観も味覚もバラバラ――
国の仲間が集まれる場所がほしかったの
でも今じゃ日本人のお客さんのほうが多いネー
でも根底に流れる思いは同じ
これサイコー!!
That's Great
おいしいものは言葉がわからなくても絶対伝わるから

もう一度
食べたい
おかわり!!
ただ
それだけで
いい――
「おかわり」をはしわたしに
思いを伝え合う
そんなごはんを
作りたい…!!
はしをかける少女
少女て
ナルホド
ブリッジ
次の食フェスの
テーマにいい!!
かもデス
おおっ
まさに
ひょうたんから駒
ボラから
カラスミ!!
がんばってね
マイケル
米田くん
私は結婚して
お母さん
目指すから

けっこん!?!!
思ったん だけど—— おかわりフリー レストランて 商売的には 厳しい じゃない?
けっけっけっ こけっこけ… けこっっっ おかっ
こっ…
おおお お母さんて!!
でもママから子どもへの おかわりだったら きっと何杯だってがんばっちゃう
はい おかわり—
ぼくも おかわり—
あんた 食べすぎ
今の私にできる 一番身近で 一番大事なはしわたし
じゃない?
「おかわり」は みんなの共通言語
というわけで 今から稼ぎのいい 配偶者募集 しまーす
マイケル
この仕事 絶対絶対成功 させましょうねっっ
私を 出世魚にしてっっ
世界は I LOVE YOUで つながっていく
おわり

あとがきのおかわりに
読んでくださって ありがとうございます
作者の いのうえさきこです
滋賀出身の米農家の娘です
私が東京に来てびっくりしたのは 世界各国の料理店が いたるところにあること
ブルキナファソ
ミャンマー
アルゼンチン
ペルー
イスラエル
ファー!!
ニューヨークとかより すごいんじゃない？ （行ったことないけど）
ビンボーヒマ無しだった私は 考えました
ドキドキ
都内にいれば 世界中の料理が 食べられるんじゃね？
エア代も ホテル代もいらない
スイカとパスモだけで
世界中の料理が 味わえるんじゃない？
くどいようですが 私はビンボーヒマ無し

お店セレクトにあたっての条件はただ一つ
それぞれの国の現地《ローカル》スタッフが働いてる
ということ
このしばりのせいで涙をのんだお店もけっこうありましたが
すんごくおいしいポルトガル料理なんだけど日本人シェフ…
うんめ
バカリャウ
その国の空気まで含めて味わえるような
そんな料理を出してくれるお店に出会えたと思っています
うまー
取材にご協力いただいたすべてのお店に
連載を胃袋でけん引してくれた講談社・井上威朗氏に
店セレクトと取材をサポートしてくれたライター・永浜敬子氏に
素敵な本にまとめてくれた芸術新聞社・山田竜也氏に
この本を買ってくださった読者の方すべてに
一生おいしい人生を!
シャキーン

8

店名　**カラバッシュ（ブルキナファソ）**
住所　港区浜松町 2-10-1 浜松町ビル B1F
電話　03-3433-0884
営業　［火～金］11:30 ～ 14:00
［月～土］18:00 ～ 23:00
定休　日曜、祝日、お盆、年末年始

9

店名　**クシネーラ（フィリピン）**
住所　大田区大森北 1-11-10 コンドミニアム大森北 106
電話　03-3766-0070
営業　［火・水・木・日］17:30 ～翌 1:00
［金・土］17:00 ～翌 5:00
定休　無

10

店名　**ミンスクの台所（ベラルーシ）**
住所　港区麻布台 1-4-2
電話　03-3586-6600
営業　17:00 ～ 22:30
定休　日曜、年末年始

11

店名　**オゴ オノロア ハワイ（ハワイ）**
住所　港区赤坂 5-1-4 イソムラビル 5F
電話　03-3585-5337
営業　［月～金］11:30 ～ 14:30
［月～土］17:30 ～ 23:00
定休　日曜、祝日、年末年始

12

店名　**グッドウッドテラス（ジャマイカ）**
住所　渋谷区道玄坂 2-19-3 ライオンズマンション 103
電話　03-5728-7418
営業　12:00 ～翌 4:00
定休　無

13

店名　**シャマイム（イスラエル）**
住所　練馬区栄町 4-11TM ビル 2F
電話　03-3948-5333
営業　［月］17:00 ～ 24:00
［火～日］11:30 ～ 24:00
定休　無

14

店名　**アジアカレーハウス（バングラデシュ）**
住所　墨田区江東橋 3-9-24
電話　03-3634-4522
営業　［月～金］19:30 ～翌 4:00
［土・日］11:00 ～ 15:30、19:30 ～翌 4:00
定休　年末年始

掲載店舗情報 その1

1

店名 **アンコール・トム（カンボジア）**
住所 町田市原町田 6-11-14 菊甚ビル 3F
電話 042-726-7662
営業 11:00 ～ 15:00、17:30 ～ 22:00
定休 水曜、年末年始

2

店名 **クイーンシーバ（エチオピア）**
住所 目黒区東山 1-3-1 ネオアージュ中目黒 B1F
電話 03-3794-1801
営業 17:00 ～ 23:00
定休 無

3

店名 **プントプンタ（コロンビア）**
住所 渋谷区恵比寿南 2-13-14 茶屋坂 T&K ビル 1F
電話 03-5704-6280
営業 17:00 ～翌 1:00
定休 日曜

4

店名 **アルミーナ（パレスチナ）**
住所 千代田区神田多町 2-2-3 元気ビル B1F
電話 03-3526-2489
営業 [月～木] 11:30 ～ 14:30
[月～日] 17:00 ～ 23:00
定休 無

5

店名 **セイロン イン（スリランカ）**
住所 目黒区上目黒 2-7-8
電話 03-3716-0440
営業 [月] 11:30 ～ 14:30
[火～土] 11:30 ～ 14:30、17:30 ～ 23:00
[日] 17:30 ～ 23:00
定休 月曜夜、日曜昼

6

店名 **パプリカ・ドット・フ（ハンガリー）**
住所 港区高輪 1-1-11 グレイス魚藍坂 1F
電話 03-6277-2037
営業 11:30 ～ 14:00、17:30 ～ 23:00
定休 月曜（祝日の場合は営業、翌日休）

7

店名 **シルクロード・タリム（ウイグル）**
住所 新宿区西新宿 3-15-8-103 西新宿バールビル 1F
電話 03-6276-7799
営業 17:00 ～ 24:00
[土・日・祝] 12:00 ～ 15:00、17:00 ～ 24:00
定休 月曜 (祝日の場合は営業)

22

店名　**アルコ イリス（ペルー）**
住所　品川区東五反田 1-15-5 第 5 宮本ビル 2F
電話　03-3449-6629
営業　12:00 ～ 22:00
定休　無

23

店名　**タシデレ（チベット）**
住所　新宿区四谷坂町 12-18 四谷坂町永谷マンション 1F
電話　03-6457-7255
営業　［月～金］11:00 ～ 15:00、17:00 ～ 22:00
　　　［土・日・祝］11:00 ～ 22:00
定休　無

24

店名　**マシューコウズ バッファローカフェ（ケニア）**
住所　品川区西五反田 2-30-10 セブンスターマンション第一 1F
電話　03-6431-8324
営業　11:30 ～ 15:00、18:00 ～ 22:00（L.O）
定休　日曜、月曜

25

店名　**ソウルフードハウス（アメリカ）**
住所　港区麻布十番 2-8-10 パティオ麻布十番ビル 6F
電話　03-5765-2148
営業　［水～金・日］11:00 ～ 15:00
　　　［水～土］17:00 ～ 23:00
定休　月曜、火曜

26

店名　**ミンガラバー（ミャンマー）**
住所　新宿区高田馬場 2-14-8 N T ビル 3F
電話　03-3200-6961
営業　11:30 ～ 14:30、17:00 ～ 23:00
定休　不定休

27

店名　**マヤ（ネパール）**
住所　新宿区高田馬場 2-14-8 N T ビル 3F
電話　03-3208-1766
営業　11:00 ～ 15:00、17:00 ～ 23:30（L.O）
定休　無

28

店名　**会席料理　岸由（日本）**
住所　中野区東中野 5-25-6 マートルコート東中野グラン 1F
電話　03-3360-5736
営業　［月～金］12:00 ～ 13:30（L.O）
　　　［月～土］18:00 ～ 20:00（L.O）
定休　日曜

※営業時間は変更となる場合があります。お出掛けの前にお問い合わせください。
お盆、年末年始、祝日などの定休日は各店舗により異なります。

掲載店舗情報 その2

15

店名 **エビス新東記（シンガポール）**
住所 渋谷区恵比寿南 1-18-12 竜王ビル II 2F
電話 03-3713-2255
営業 ［月〜金］11:30 〜 14:30、17:30 〜 23:00
［土・日・祝］11:30 〜 15:00、17:30 〜 23:00
定休 年末年始

16

店名 **ハンニバル（チュニジア）**
住所 新宿区百人町 1-19-2 大久保ユニオンビル 1F
電話 03-6304-0930
営業 17:00 〜 24:00
定休 無

17

店名 **コスタ・ラティ ナ（アルゼンチン）**
住所 目黒区駒場 1-16-12
電話 03-5465-0404
営業 ［土・日］12:00 〜 15:00
［月〜日］18:00 〜翌 4:00
定休 無

18

閉店

19

店名 **馬来風光美食（マレーシア）**
住所 杉並区天沼 2-3-7SAKAI ビル B1F
電話 03-5938-8633
営業 18:00 〜 23:00（金・土・日 16:30 〜 23:00）
定休 月曜

20

店名 **エコ・ロロニョン（トーゴ）**
住所 港区赤坂 2-17-72 イーデンビル 2F
電話 03-6277-6979
営業 ［月〜金］11:00 〜 15:00、18:00 〜 23:00
［土・祝］11:30 〜 17:00、18:00 〜 23:00
定休 日曜

21

店名 **ブルガリアンダイニング トロヤン（ブルガリア）** 旧店名：ソフィア
住所 中央区銀座 1-9-5 ホテルユニゾ銀座一丁目 1F
電話 03-6264-4844
営業 7:00 〜 22:00（L.O）
定休 無

いのうえさきこ

ふなずし大好き滋賀県生まれ。実家が米農家で牛と豚と鶏を飼っていたので、自家製の米と野菜と肉と卵を食べて育ちました。好物は魚卵含めた卵料理とお酒なんでも。昔は貧乏海外旅、今はマラソン旅にハマってます。近著に『圧縮！西郷どん』（集英社文庫）、『いのうえさきこのだじゃれ手帖』（集英社文庫）。

東京世界メシ紀行

2018年8月20日　初版第1刷発行

著　者　いのうえさきこ
発行者　相澤正夫
発行所　芸術新聞社
〒101-0052
東京都千代田区神田小川町2-3-12 神田小川町ビル
TEL　03-5280-9081（販売課）
FAX　03-5280-9088
URL　http://www.gei-shin.co.jp
印刷・製本　シナノ印刷
デザイン　原田光丞

ISBN 978-4-87586-543-8 C0077